阅美文化

悦 读 阅 美 · 生 活 更 美

女性生活时尚阅读品牌

□ **宁静** □ **丰富** □ **独立** □ **光彩照人** □ **慢养育**

女人30^+

珍藏版

30^+女人的心灵能量

金韵蓉 著

漓江出版社

感谢

《女人30⁺》的成书，必须感谢很多人。这不是奥斯卡颁奖典礼舞台上应景的客套话，而是真的要感谢很多人。

在一开始构思这本书时，我就坚决地相信，只有真实的生活故事才能打动人心，也唯有回应真实的生活故事，文字中的关切才能直抵核心。

于是，我在我的博客“茉莉花环”上征集朋友们的真实生活故事。并在短短的一个月之内，收到了大量的来信。

由于担心过于“逼真”的故事情节会给当事人带来不必要的困扰，也担心这么多感动人心的故事无法一一使用而有遗珠之憾，所以漓江出版社的编辑，花了很多时间，仔细地读完它们，并将故事进行分类、融合，最后用很生动流畅的文字改写成书中的五个引题故事，再让我根据这五个故事的启发，写成这本书。

愿意和我分享自己生活故事的朋友们，谢谢你们乐于分享并如此信任我，谢谢你们为了写出故事而花费的时间和精力。我不打算在这里煽情地再说些什么感谢的语言，我只想诚恳地让你们知道，如果《女人30⁺》这本书能帮助到任何一个彷徨中的女人，那么，你们的故事，绝对是其中最美好的功劳之一。

因此，再次诚挚地感谢我所有亲爱的朋友们！

爱情，

很多时候可能只是个符号，

你不一定真正需要它，

只是认为自己“应该”拥有它。

天下没有所谓完美的婚姻，

更没有所谓完美的配偶，

我只看见经过夫妻双方共同努力而达到的美好婚姻，

或经过多年相濡以沫而臻至和谐的幸福生活。

宝宝绝对不是婚姻的第三者，
他是爱情的催化剂，
是让婚姻能更平顺进行的润滑油。

对于追求卓越、争取成功的

双生涯（家庭生涯以及职业生涯）女性来说，

如何能既照顾自我的发展需求，

又能兼顾家庭的发展需求，

确实是考验女人智慧的一门功课。

所谓“一分耕耘、一分收获”，

对于生理年龄已经迈入三十的大关，

皮肤、身体各项状态已经逐渐走下坡路的我们，

需要对维持自己的容貌和外表做些必要的努力。

目录

CONTENTS

再版序

可以灿烂，也可以安静

12年前，即将迈入我的50岁之际，我写了第一本和女人有关的书，当时，我想用文字表达的心情是，女人可以勇敢，也可以温柔。今天，我在已然迈入人生第6个10年之际，我想用文字表达的心情则是：女人可以灿烂，也可以安静。是的，今天的我们，已无需向世界证明什么，我们必须关心的是：“我愿意成为什么样的女人？！”

近几年，人们在各种网络平台上购买视频音频课程已蔚然成风。前阵子，我和好几位经营网络平台课程的朋友们茶叙，席间大家都同意“女性”——尤其是从30岁到60岁之间的女性，是各种网络课程的主力受众。她们勤于学习，努力让自己跟得上时代的潮流；她们关注成长，对任何能帮助自己成为好妻子、好母亲、优秀职场人士的教育培训，都投注了可观的时间和精力。

一次接受媒体采访时，编辑问我是否能用一个形容词来描绘现代女性，我说：进步，但是焦虑。

是的，这是我对现代女性的观察，当然也包含了对我自己的观察在内。我们拥有三头六臂，是女儿，是妻子，是母亲，是闺密，是职场精英。好强的我们希望面面俱到，把每一个身份都扮演好。我们都想拥有朋友圈里让人羡慕的"别人的生活"，想成为各式专家口中那个"幸福的人"。所以，没有人在后面追赶我们；追赶我们的，其实是想象中那个几乎不可能存在的完美的自己。

这种心情在我35岁之后达到高峰。我的想象中有儿子应该进入的完美学校；有我们一家三口应该幸福居停的完美住房，有我个人应该拥有的受人尊敬的完美职场角色……，这些完美的白日梦想象，不瞒您说，现在依然会在我的脑子里出现，虽然时空场景已与时俱进，但仍然扮演着把我努力向前推进的重要动力。

但奇妙的是，35岁时的我，和如今已迈入60而耳顺的我，白日梦的内容却有了质的变化。我开始想象一些越来越具有可实现性的场景，也开始想象一些因妥协于现实情况而修正为不尽完美的场景。近30年的生命岁月，让我变得不再那么逼迫自己，因为我逐渐明白，即使努力逼迫了也没有用的生命道理。这个道理，老祖宗在几千几百年前就告诉过我们，"顺势而为"。

也许年轻女孩从顺势而为中读到了束手就擒的意思，但我理解的顺势而为，却是一种远比放弃更积极的处世智慧，它是在审时度势之后的豁达，是知道穷寇莫追的运筹帷幄。于我，这个处世智慧让我能歇歇脚，悦纳并享受自己已经取得的生命成果，并且因为豁达的心胸，让我不再纠结于命运的不公平。（我曾经是个多么自负，多么心高气傲，多么怨叹壮志未酬的人啊！）

因此，当出版社编辑好友通知我《女人30+》和《女人40+》准备再版出书，让我写一篇新版作者序时，我不想再絮絮叨叨地说些什么，跳入我脑子里的就只有简单的一句话：女人可以灿烂，也可以安静。

已经向世界、向自己证明了可以如此灿烂绽放的我们，是时候学会在喧闹的生活之中，放慢心跳和呼吸的速率，安静下来，体会生命，品味生活，感受爱，成为不尽完美但真心快乐的自己。

自 序

我自己的30岁到40岁这十年之间，过得十分辛苦和动荡。

30岁那年，我只身在巴黎和伦敦学习艺术疗法。离开先生和刚刚学步的儿子，在清冷的异乡生活，只为了成就更美好更专业的未来。

33岁。这个铭记我此生巨大转折的重要年岁。我跟从先生的决定，放下收入丰厚的医院工作，离开安稳而熟悉的舒适圈，投身进入我并不全然了解和适应的商场。

36岁。我第一次踏上祖国大陆的土地，回到父亲母亲魂牵梦系的故乡，在人不亲、土却亲的城市里，试图找到足以安身立命的理由。

37岁。我们将儿子独自一人送往英国念书。此后，在每个寒冷或炎热的日子，我的心仿佛被掏空了一般，依然行走，却若有所失。

39岁。在这个已悄然迈入中年、不敢输、也输不起的年岁，我们挥别生于斯、长于斯的台湾，挥别依恋的家人和朋友，回到祖国大陆，在陌生而让人惶惑的空气中，胼手胝足、勤勤恳恳地建立事业。

如今回首，我的30岁至40岁，纵然几经颠踬，也曾因财务困窘而屡屡灰心丧志，但这动荡不安的十年，却勾勒了我人生蓝图中最重要的线条结构，也是我人生蓝图中最绚丽斑斓的填充色彩。因为有这充满变数、充满挑战、充满困惑和不确定的十年，才能让我在一路跌撞、一路摸索、一路成长中，成为今天的我，并且得以享受今天丰美成熟的果实。

《女人30+》的成书，就是我自己这动荡不安十年的纪实，也是我对这绚烂华丽十年的礼赞和敬意。

《女人 30^+》

决定写这本书、并且决定了它的年龄范畴之后，很多人问我：为什么是女人 30^+？

如果按照我的年龄，我应该从50岁的女人开始写起；如果从生活能力的养成，我应该从更年轻的20岁女孩开始教导。我为什么会放弃这两个看似顺理成章的年龄段，而着墨于30岁的女人呢？

原因很简单，只因为这是女人一生中最困惑的十年，也是面临抉择最多的十年。我们人生的许多第一次极可能在这十年之间发生：我们的第一次婚姻，第一个孩子，第一栋房子，第一部车子，第一份按揭，第一个人生转折，第一次婚外恋情，甚至第一次黯然离婚……都可能在这看似成熟、其实却仍然稚嫩的年岁间发生。

我常想，如果在这些惶惑失措中，有一双过来人的手，温柔地牵着我们往前走，轻声地在耳边告诉我们，“别害怕，事情会好转的”“别担心，这是正常的现象”“别难过，我们熬得过去的”“别怀疑，你绝对值得拥有”……我们是不是就能在这些心领神会的提点中，学会释然，并且更有勇气地面对挑战，也更乐观地期待未来？

我诚挚地希望，《女人 30^+》这本书，能荣幸地扮演除了亲爱的父母和师长之外，另一双温柔的过来人的双手，轻轻地扶持步履震颤的你，也欢喜地为聪慧美丽的你，鼓掌喝彩！

PART 01

关于爱情

爱情

很多时候可能只是个符号

你不一定真正需要它

只是认为自己“应该”拥有它

不知是谁说过的：爱情就像晚上在路口等计程车，明明有很多车经过，偏偏没有一辆是空的，站着等了很久，终于决定换个路口等，哪知没走几步，刚才站着的地方马上就有人打到了空车，于是不甘心地回头又等，可是空车再也没来，结果就这样被独自留到了深夜。这就是爱情于我的真实写照。一个既不丑，也不笨，也不挑剔的人，硬是到了 29 岁还没个像样的男友，爱情已从开始时的一份期待，演变成急于要完成的任务——同龄的朋友大部分都结婚了，有些还有了孩子。我妈从我 25 岁时就反复警告说："千万别把自己给剩下了。"没想到不幸言中，我还是做了那个始终打不到车的倒霉蛋。

一大早刚到单位，就接到妈妈的电话，说来说去，话题又绕到男友问题上。今年家人对我终身大事的焦虑更重了，妈妈的情绪甚至有些悲观，一会儿说："要是你 30 多岁没人要了怎么办？你打算一个人过？"一会儿又说："现实点吧，差不多就结婚，大家都是搭伴过日子，你还幻想着怎么情投意合呀？"我只能苦笑着安慰她，大早上的轻松心情全葬送了。其实比我妈更难受的是我自己，年龄对女人真残酷，29 这个数字像机关枪一样抵在我背上，等年龄再大些，过了最佳生育期，我的处境就更难了。

"怎么了？又被家里催嫁啊！"隔壁工位的同事小莫凑过来问，"别听家里催，一定要找个自己喜欢的，能选择的时候尽量多选择。"她一副过来人的样子说。

我没吭声，可能是我心理阴暗，公司里人人知道小莫有个疼她疼得要命的老公，所以我觉得她是站着说话不腰疼。

早上妈妈的一个电话让我一天都不痛快，而当晚表姐的电话，则直接把我吓上了闪婚的道路。表姐今年35岁，研究生毕业，工作上是个白骨精（白领，骨干，精英），至今未婚。平时坚强的表姐，电话一通就哇哇大哭了起来，跟我说她因为没结婚的事不想回家，说她压力大，不想听父母唠叨。更恐怖的是，她这几天住在单位彻夜未归，也不吃饭，2天瘦了4斤。我一边安慰她，一边联想到自己几年后依然单身的样子——表面看是独立能干的新女性，内心则孤单抑郁到极点，尤其还要面对家庭和社会日益沉重的压力，真是想想都怕。

“不管怎么样，得快点嫁出去！”表姐的电话让我下了狠心。用了一个月时间，我尝试了相亲、朋友介绍、网络交友，几乎全情投入到找对象的事业中。终于抓到了一个不那么离谱，彼此都看得顺眼，也有心结婚的男人。他叫赵天，做软件开发的，人很老实。其实我对他感觉一般，这个人有些愣，脾气不好，礼节上也爱疏忽，比如他从不会主动给我家人买什么礼物，而且他比我小，不会时刻照顾到我的心情，遇到些事情反而要我开导他。但是我已经决定不挑了，人品没问题，能结婚，就是最重要的。很快的，我等到了梦想的那一天，在去看电影的路上，赵天说：“咱们都是奔着结婚去的，没什么问题咱就早点领证吧！”没有以前设想过无数次的浪漫情景，我的心里没有慨叹也没有快乐，只是觉得踏实了，能踏实，就是最重要的。也就是在那天，我碰到了同样来看电影的小莫，她身边还有个和她很亲昵的男人，但并不是她丈夫。小莫也看到了我，迟疑了一下，微笑着点头算打招呼，我也迷糊地点了下头。

第二天到公司，小莫主动约我吃饭，我猜是要说电影院的事，果然一坐下来她就开门见山地说："被你发现啦！"她故作轻松地眨眨眼睛。我没吭声。

"就像你想的，我在和别人谈恋爱。"小莫摆正了脸色说，"我 23 岁就结婚了，和丈夫一起三年，越来越发现，不管他对你多好，和不爱的人在一起就是痛苦。所以我才跟你说，能选的时候尽量选，因为等你结了婚才遇到自己真爱的人，就太难过了。"平时总是甜甜笑着的小莫，此时的神情也有些苦涩。

我还是没说话，心情很复杂，一方面觉得她不知满足，但身为女人，又无法不理解她的悲哀。最后我只是承诺说自己会保密，她也说知道我要结婚了替我高兴。

找了个吉利日子，我和赵天去领证。想到终于要结束单身，心里不免感慨。在等赵天取照片的空当，我收到了小莫发来的短信，她说今天和丈夫办完了协议离婚。"一场婚姻完了，真累，也不知道为什么结，为什么离。希望你找到对的人，得到幸福！"我删掉了这条短信，也删掉心中某处说不清的迷茫和疑虑，冲着远处走过来的赵天微笑了。结婚是为了什么呢？以前认为是为了寻找幸福，而现在，恐怕更多的是恐惧那种永远都打不到车，深夜里一个人被留在街头的孤单吧！我怕一个人被剩下，所以逃向了婚姻。

爱情，很多时候可能只是个符号，你不一定真正需要它，只是认为自己“应该”拥有它。

女人即将进入30岁，或已然进入30岁之后，常常是爱情符号化的第一个脆弱高峰。那种害怕寂寞、担心自己此生也许终将孤独的恐惧，是让这个符号更加刺眼和疼痛的催化剂。我因此见过许多在专业上独立优秀，也依然年轻而貌美的女孩，在30岁的关卡前后彷徨焦虑的模样。

我曾经接受一位母亲的请托，要我帮忙和她刚满32岁的女儿谈谈，因为她总觉得没有男朋友还单身一人的女儿很“可怜”。她给女儿营造了舒适温暖的家，给了女儿完整的父爱和母爱，可每当看见缺乏男友爱情呵护的女儿安静地下班回家时的清瘦身形，却让她有着锥心刺骨的担忧和不忍。这位焦急的母亲不敢贸然打探，怕刺伤了女儿的心，所以让我从旁迂回地探探女儿的口风，看看她是否过得快乐，是否觉得幸福。

我没有拒绝这位母亲的请托，也真的花了好几个小时和她的女儿聊天，甚至还把聊天的结论认真地给母亲做了汇报。我之所以没有把它不当一回事地敷衍过去，是因为我不仅仅知道作为母亲的焦虑和心疼，我更知道身为“大龄”女儿所承受的压力和恐慌。

拒绝做“剩女”

我是个和媒体走得比较近的人，对媒体制造舆论的能力也深有体会。事实上，如果更诚实一点地说，我对于媒体制造“不实”舆论的能耐也了然于胸。好了，稍微敏感一点的读者此刻也许已经从我的字里行间嗅出了些许的火药味。是的，有时我真的不满舆论所创造出来的民意压力，而其中“剩女”这个恶毒的称号则是我高度不满意的词语之一。

我不满意“剩女”这个标签是有原因的。

其一　它充满了性别的歧视。为什么没有“剩男”而偏偏只是“剩女”？当然，我必须承认这个现象是有其社会价值依据的。但我常常怀疑，当初想到这个词的人，是不是一个生活成就很低、充满了愤懑怨怼情绪的大男子主义者？

其二　它充满了否定性的污蔑。既然剩下了，就表示不会再被选择了。而且即便再被选择了，也不是第一优先的考虑，而是不得不然的将就。

其三　它渲染着悲观的氛围。好吧！这一波我被剩下了，那已见年龄劣势的我，还拼得过下一波更为惨烈的竞争吗？

其四　它含有不怀好意或自甘下风的贬抑。“剩下”，意味着在挑选的过程中被淘汰的东西或商品。因此，它代表了爱情的发生不是两性对等的选择，而是女性在待价而沽中，被动地被挑选和被青睐。

因此，我坚决拒绝用“剩女”来形容年过 30、仍然在等待美好爱情的女子。

那么，如果我真的已年过 30，也真的还没遇到值得我付出真情、值得固定下来的爱情伴侣，那我该怎么办呢？我的建议是：

首先，你一定要把“剩女”的标签，狠狠地从脑门上和心理上撕掉

社会心理学上有一个常被引用的概念：标签理论（Labelling theory）。这个理论指的是一个人的行为表现常常和所贴上的标签有关。

“标签”，就是人们对自我形象的界定和产生，而这些标签常常是被那些有意义的他人——例如父母、老师、同辈团体所贴上的。社会心理学家们认为，一个人一旦被贴上了有意义的标签，他的思想、行为就会开始去“符合”这个标签上的描述。我在这么多年从事和女性心理有关的工作中，就发现女人的心理和行为尤其把这个理论发挥得淋漓尽致。而且可怕的是，我们脑门上所贴的这些标签，还绝大部分是自己给硬贴上去的。

所以，如果你真的在自己的脑门上（其实更多的是在心理上）贴上了“剩女”这个标签，很有可能就会在潜意识里去做出符合这个标签所代表的行为。例如：心理和情绪上觉得自己没有希望了，是个不值得人疼爱的女人，没有女人味，没有男人缘，没有竞争力，会日渐枯萎，会孤苦

终老，会郁郁以终等等。并且还会在这些不正确心理的主导下，表现出先发制人的孤傲、尖锐、不合群、不享受生活等等刺猬一般的行为模式，或者是另一种极端的自我放弃，过着过度喧嚣而繁华的生活。

因此，从现在开始，我请你立刻把脑门上贴着的“剩女”标签狠狠地撕掉，重新换上“我单身，但是很自在”的标签，然后再开始下一个步骤。

不要为自己的高学历、高收入、高成就而道歉

如前所述，我常怀疑设计出所谓三高女人或N高女人这些荒唐语的幕后主使人，是那些志不得、意不满的大男子主义者。他们为了消化自己在生活上或工作成就上的挫败，所以创造了这些含有恶意成分的形容词，好为自己的不安全感寻求合理化的心理慰藉。

因此，你千万不要坠入这个陷阱，不要为自己辛苦学习、努力工作而获得的成就道歉，也不用为自己天资聪颖、能力过人而感到羞愧。事实上，这些成就，都会为我们终将拥有更美好生活的愿景而“加分”，绝不是阻止我们拥有幸福快乐生活的“减分点”或“缺点”。再说，如果我们所爱的男人，不能欣赏、赞叹我们的成就，也不能理解这些成就背后所代表的智慧，那他就远远配不上我们，也不是值得我们尊敬和以身相许的对象。

我之所以这么说，是因为看见周遭总有聪明美丽的女孩，为了尚未寻得爱情而刻意降低自己已经获得的成就，或放弃追求更高的理想。我一直很担心，这样的牺牲，不仅不会带来爱情，反而会让自己不开心、

不快乐而更难寻得爱情。

你想想看，工作的成就，是我们获得自信和自尊的重要来源之一。当我们优雅而游刃有余地进入工作状态时，我们所散发出来的专业和成熟气质，是如何地耀眼，如何地让人无法抵挡，如何地吸引人。而且，对于那些本身也自信而成熟的男性来说，这样的气质，会是他们所珍视的，这样的女孩也会是他们愿意爱恋的伴侣。

所以，请千万不要为自己的高学历、高收入、高成就而道歉。相信我，只要是懂得我们的男人，都会为这些“附加价值”而欢喜不已的。

不要害怕孤单，不要为了结婚而降低标准

我很害怕听到适婚年龄的女孩说结婚只是为了“搭伴过日子”。我不懂结婚和搭伴过日子有什么关系。如果日子需要有人陪着一起过，我们大可以留在父母身边，做个孝顺女儿陪着亲爱的爸妈过日子，干吗找个不相干的人来消磨时间？再如果担心老人终将离去留下自己孤独一人，那么到时候可以搬去老人之家，和其他的老人搭伴过日子，干吗没事找事，找个男人只为了搭伴过日子，而且还有可能搭进数不尽的麻烦？况且，如果我们对婚姻的期待只是为了找个伴过日子，那么在这段婚姻的一开始，我们就犯了错误。我们错误地低估了婚姻的欢愉和美好，也错误地低估了经营婚姻所需要的心力和精力。

我并不是说，考虑结婚时一定要这么较真地检视双方的爱情是否足够炙热，而是说我们不可以在考虑结婚时，只是因为害怕自己孤单一人过日子，而将就了自己和他人。这样不但对自己不公平，也对婚姻的另

一方不公平。更何况，基于这样的理由而建构的婚姻，是建立在不够坚实的基石上的。试想，即便是真挚爱恋的男女在婚后都不免遇上婚姻的礁石，更何况是基础不够牢固的婚姻？

我知道年龄渐长的女子，因四面八方纷至沓来的热心关切而受到的压力，也明白随着年岁的增长和对现实状况的了解，有时不得不向下修正自己的择偶条件。但我所在乎的是，如果这些向下修正的择偶条件只是对相貌、身高、学历、收入等等这些外在附件的妥协，那么我可以理解，也没有什么可过多担心的。可是，如果这些修正的结果是关乎本质上的条件，例如思想上的差距、价值观的差距、生活经验的差距，甚至是爱情热度的差距，那么这样的修正和妥协就是我所担心的了。

面对孤单是需要勇气的。并且，这种需要极大勇气来克服的深刻寂寞，也不是已经拥有伴侣的人所能体会的。可是，当现实情况就是需要我独自承受寂寞时，与其于事无补地自怨自艾、啃噬孤寂，或挖了东墙补西墙地就和，倒不如坚忍地扛起寂寞，学会直面相对，看看它到底能奈我几何！

我曾经在另一本书《先斟满自己的杯子》里写过一篇叫《独舞的乐趣》的文章。文章里我叙述了一位 39 岁、拥有高学历的单身女郎，她在度过了让人煎熬的 35 岁生日之后，突然豁然开朗，摆脱了以前“翘首以待”的惶惑心情，释然地享受生命和喜欢自己。结果，她在人们都以为不会再有爱情降临的 39 岁那年，遇到了生命中的白马王子，而且这位王子珍爱她的程度还远远超过她曾经的预期。

当然，我的重点不是让你放弃寻找爱情，或过着没心没肺的麻木生活。我的建议是请你在等待爱情的过程中学会喜欢自己，享受与自己独处的时间，甚至享受必须单身的事实。如果爱情来了，那是我应得的缘分，我欢喜快乐地接受它；可如果爱情一直没有到来，那也是我奇异的宿命，我也欢喜快乐地接受它。再说，爱情既然关乎另一个他人，即便我苦苦渴求也是徒劳，所以还不如放自己一马，既随时做好迎接爱情到来的准备，又享受每一个单身的当下，这样才不枉费上天赐给我们的珍贵生命和时光。

所以，请学会和自己愉快地相处，试着享受单身所带来的乐趣，并且千万不要为了搭伴过日子而委屈自己。请相信我，当你在暗自垂泪羡慕他人成双成对的时候，说不定你的已婚朋友还正在羡慕你自由自在的无限可能性呢！

理性地规划未来

好了，当该做的心理建设都做好了之后，现在该冷静地坐下来，好好地规划一下生活了。

在商业行为中，一个企业面对不可预测的未来，通常会根据现实情况而规划几种可行的方案，以便任何一种情况发生时，都可以做出最有效和即时的反应。你现在要做的，也是像企业管理学上的沙盘推演一样，先做出两套可攻可守的规划方案。

首先，先规划一个结局是婚姻的未来方案。

为了迎接将来的婚姻生活，我应该做好哪些准备？

我想这个方案是所有女孩从情窦初开时就已经在梦中规划了好几千几百次的，所以在这里我就不再唠叨，只是提醒你，婚姻生活并不只是王子与公主美丽爱情的圆满结局，所以请在你的方案书中，添加一些智慧、温柔、忍耐与妥协的元素进去。

第二份方案，是计划一个结局不包含婚姻的未来生活。

先列举出如果不结婚你最害怕遇到的种种困难有哪些，然后再试着一一解决这些困难。例如，“如果不结婚，我会很寂寞”“如果不结婚，我就当不了妈妈”“如果不结婚，我妈妈会很伤心”“如果不结婚，我老了怎么办”。好，把这些隐藏在黑暗深处的恐惧全都列举出来了之后，再看看有没有应付这些恐惧的方法。

你可以把想得到的方法都清清楚楚地写出来，不管自己觉得做得到或做不到，反正就先把它们全部都写出来，然后看看生命如果真的发展到没有婚姻的地步，是不是真像想象中的那样恐怖和让人束手无策？

当你把应对的方法列举出来之后，就要穷尽身边的资源，为这些方法先做好准备工作。例如：开始为可能单身的自己做好日后安适生活的准备。比方说，有计划地储蓄，买保险，按揭买房子，培养一项自己喜欢、可以全心投入精力和时间的爱好，照顾好自己的身体，多交朋友，参加社团或有持续性的旅游，等等。让自己（或担心你的父母和家人）明确地知道，即便你身边没有男人，一样可以安全和无后顾之忧地生活。

对于担心找不到对象的人来说，这种确知有独自生活能力的安心和把握，可以帮助消弭许多不确定的恐惧心理，同时也更容易勇敢地面对现实，帮助自己发现原来不结婚也一样可以过好日子。再说，如果这些计划都可以一一实现，说不定哪一天遇到一位合适的人选时，这些原本为单身而做的准备，都成为你赢得对方爱情的筹码了呢！

神采飞扬地生活着

如果你已经做好也许单身的心理建设，也做好不论结婚与否的沙盘推演，那么接下来你所能做的，就只有快乐地生活了。

首先，你要尽量保持自己年轻鲜艳的状态。

每个星期或隔一两周，花点时间到美容院或Spa去美容、去做按摩、去做芳香疗法，好好地宝贝呵护自己一番，并且保持良好的皮肤和身材。（记住，这是已婚和有孩子的女人，不论在经济上或时间上，都不容易享受到的特权！所以好好利用它。）

中国有句古话说“女为悦己者容”，我不反对这句话，因为它说的是人之常情。可是我反对当女人没有“悦己者”时，就放弃维护自己容貌的权利和心情。

我知道让一个女人偷懒或放弃自己是一件很容易的事。况且，实事求是地说，年龄越大，要维持容貌鲜艳的难度也就越大，需要花费的时间和心力也越多，而且时不时还要克服被镜子里的景象所击败的自卑。不过，就是因为我们不能被自己击倒，所以才要时刻督促自己保持青春的状态。另外，保持容貌的鲜艳，也是一种宣示，它不仅告诉别人，也告诉自己：“啊哈！别同情我，我好着呢！”

再说，没有男朋友的我们，时间和金钱都可以完全由自己来支配，所以更要好好地利用这些优势来对待自己，免得等到哪一天被婚姻套牢了、被孩子牵绊了之后，再想要这么自由地花钱和花时间可就不容易了！

其次，要对自己宽厚一些，不要做个拿着长矛、诋毁自己的严厉判官。

有些年龄稍大一些的单身女子，喜欢用“我呀，就是嫁不出去啊”来嘲讽自己。这些自我解嘲式的话语，其实是潜意识里对自我的否定和失望，此外，也有先声夺人的意味。当我们说这句话给旁人听时，潜意识里是在进行自我防卫，你的潜台词是：“行了，闭嘴！我知道你在笑我，我知道自己嫁不出去，我没人要，我先自打嘴巴行吗？”你说这句话时，虽然脸上带着笑容，其实心里却是淌着泪水的。

那个极其没品、极其恶劣的形容词“老处女”，就是这种害怕被别人嘲笑的自我保护潜意识下的产物。当我们否定自己、对自己失望时，会启动存在心里的一种自我防卫机制。这种机制有两种主要的表现方式：一是像猫科动物一样竖起脊背，变得阴沉敏感和多疑，总是举起锋利的爪子用尖酸刻薄的态度主动攻击，刻意失去与人交往的能力和机会，以避免在人际交往中可能遇到的伤害。另一种表现方式则是反其道而行的自我神伤，敏感纤细，用体弱多病的弱者姿态求饶来避开可能的攻击。

但是，不管我们用哪一种方式来转移内心的失望，最终受伤的都是自己。所以，请不要再嘲讽自己，也不要挥舞着长矛来保护自己。你结不结婚根本不关那些不相干的人的事，所以没必要对他们解释，也没必要迁怒于他们，更没必要猜测他们的想法，因为那根本不是你需要去操心的问题。况且，还没有结婚不是谁的错，只是时候还没有到，还没有碰上命中注定的他罢了。

最后，也是最重要的，你还没男朋友，或还没有结婚，并不表示就没有幸福快乐的权利。

是的，我知道在飘着细雨的夏日黄昏，在吹着微风的春日早晨，在夜凉如水的深秋月夜，在温馨欢乐的团聚节日里，你只身一人倍感凄凉。我也知道身为女人，打从少女情怀总是诗的粉红年岁开始，美好的婚姻生活和成为母亲的温柔情愫，就是我们怀抱着梦想和憧憬的悠悠心绪。因此，良辰美景无人共赏时的寂寞和清冷，是可以预见的情绪，也是你无需隐藏的真实表情。

但我想说的是，你可以“认知”自己会有灰色抑郁的情绪，也可以容许自己凭吊这样的失落，但你却不能允许自己沉溺在其中。

很多时候，情绪是一种习惯，刚开始你只是偶然遇见它，感受它的强烈。但如果你让某种情绪持续下去，日子久了，它就会变成一种依赖，你不一定会再感受到它的强烈冲击，但它已经成为一种在呼吸间、在血肉里的寄生物，时刻与你为伍，左右你的思想，改变你的表情，影响你的生理功能，甚至说服你相信自己就活该与它相处一辈子。

所以，你可以难过悲伤，但请不要在里面待得太久。克服寂寞恐慌最好的办法就是：

> 不要躲闪。认真地感受它，确知它的存在。不要故意忽略或刻意地隐藏它们，因为，你越是把它们往下压，它们就弹得越高，好引起你的注意。而且，总是得不到出口的压抑情绪会寻找出路，转而攻击身体器官来得到能量的释放。这就是在心理学上常见到的身心症（Psychosomatic）的由来。而身心症最常攻击的器官，就是在白领间最常看见的肠胃方面的疾病。

根据情况，每天或每几天，给自己一段时间，深刻地沉浸在这种寂寞感伤的情绪中，让自己的委屈得到完全的释放。如果你不知道怎么释放它们，或害怕自己在悲伤的情绪里呆待得太久而无法自拔，我自己的方法是和要好的朋友们在一起，找一部能让大伙儿都动容的好片子，窝在家里一起看，一起毫无顾忌地放声大哭（你可以哭得大声一点）。

当把情绪用合理的方法释放完了之后，接下来就强迫自己离开这个情绪。告诉自己："够了！这次的时间到了！可以了！"

然后离开室内，出去走走。到郊外呼吸一点新鲜空气，或找几个朋友聊聊天、吃吃小馆子，总之，做些能让自己轻松快乐的事。还有，如果面对父母是一种压力，难过的时候就离开家，尽量避开他们。

一段时间之后，当你发现主客易位，是你在掌控情绪，而不是情绪在掌控你时，就可以为这个胜利好好地庆祝一番了。

接下来呢？

接下来你就不论是否拥有爱情，都能拥有像阳光一般的好心情、好身材、好皮肤、好未来了！

别坠入“挑剔爱情”的陷阱里

我的好朋友，聪明美丽的主持人李静，在她33岁结婚前也曾有过恐慌的经验。她说30岁之前，追求者众，每天电话铃声不断。可是一过了30岁生日之后，却惊然发现邀约自己出门的电话明显地减少了，晚上一人待在家看电视的频率则越来越高。起初她还不以为意，心想：我长得那么漂亮，没人追这件事绝对轮不到我！可是当日子一天天逐渐飘逝，骄傲的她终于感觉到了事有蹊跷。于是有一天她告诉自己：我可不能让自己毁了自己！

她对自己不再像从前那样受男孩追捧的觉醒是：“当我听他们说话时，我的眼神已经不会再像年轻时那样发光了。”

李静说，她发现自己20多岁时，只要听男孩吹牛，涉世未深的她都会睁着黑白分明的大眼睛认真专注地听着，让男人因为可以让美丽的她动心而骄傲不已。可是一迈入了30岁，事业有成、也有人生经验的她，只要再看见一个西服革履的男人试图在她面前吹牛，她立马就可以判断出这个男人的钱是自己的还是贷款来的，他的公司是独资的还是做合伙生意的。

呵呵！这个比喻虽是慧黠的李静所说的玩笑话，但却不无道理地点明了已有人生经验和判断能力的大龄女子在面对爱情时的困难——我们已不再像年轻时那样容易被取悦了！

后来，觉醒之后的李静修正了自己太精明、太冷静的“缺点”，试着用一颗比较单纯的心去感受爱情而不是解码爱情，结果在33岁那年遇见了生命中的Mr. Right，有了可爱的女儿，成就了美满的家庭，终究没有让自己毁了自己。

享受“大龄恋爱”

许多过来人都承认，念大学时谈的恋爱是最真挚动人的，因为那时两个人的心都很简单，没有拿着秤砣去较斤较两，只要有了心动的感觉就爱上了，不管他或她是不是符合结婚的条件。因此在单纯的心理环境下，只需要感受爱情是否依然炙热，没有太多其他需要考量的因素。

可是当我们一旦步入了所谓的适婚年龄之后，再遇见爱情就不免有“风险评估”的意识出现。我们会计算这场恋爱会不会走向婚姻，值得投入多少？如果失败，我会损失什么？如果成功，我会得到什么？因此，我们常听见适婚年龄女子间最常总结出的潇洒结论是：“如果嫁得不好，干吗给自己找麻烦？”

用比较冷静理性的态度去面对爱情，并不是一件完全不可以的事，事实上，在若干情况下，这种谨慎的态度确实也是对自己的一种保护。但是，一旦爱情出现了太多理性的思量，就很难再去体会它细致的甘美以及牵动人心的悸动。而最让人担心的也就是当两人关系出现需要磨合的紧张时，如果没有足够的“疯狂”去支撑、去润滑、去容忍它的话，只凭借着理性思维建构出的感情是很容易浓情转薄、无以为继的。

所以，如果在 30 过后遇见一份值得珍视的感情，请听听我的建议：

放下理性的左脑里急着拿出来的量表，先用单纯爱恋的右脑和直觉去碰触他（是他，不是它）。

能维系婚姻的基石绝对是足够分量的爱情而不是足够漂亮的报表。如果他只是在外在的附件上满足了你的要求（或虚荣？），那么在如此脆弱多变、如此需要小心经营、如此需要互相妥协的婚姻关系中，这样的基石是远远不够稳固的。（而且请留意，能让你喜欢的附件一定也让其他女生喜欢，有那么多人惦记着他，对你来说也是一种威胁和负担！）

所以在遇见了彼此心仪的对象时，请先用最短的时间冷静地以左脑去衡量双方的外在条件是否存在着不可弥补的差异。如果答案是肯定的，知道这段感情最终无法走向美好的结局，那就尽快收回好感，别拖泥带水地浪费太多的感情和留下完全没有必要的伤心回忆。有些女孩因为害怕寂寞，心想有人陪伴总比没人陪伴好，或者抱着骑驴找马也没什么损失的心态，试着和明知不可为而为之的人交往，最后弄得身心俱疲得不偿失。

可如果你在理性地评估后，得出“大有可为”或“尚有可为”的初步结论，那就要暂时放下总是急着出头的左脑，让它暂且休个年假，把接下来的评估工作移交给负责感情的右脑，让右脑和心灵继续用纯粹的雷达去感受爱情。

你也许觉得我说的话很好笑，用左脑或右脑去感受爱情，两者之间会有这么大的不同吗？是的，它们得出的结论大不相同。

当你用左脑谈恋爱时，你是在检视爱情而不是享受爱情。左脑的理性让你害怕受伤害、害怕没面子、害怕被欺骗、害怕做承诺、害怕失去他……左脑让你带着盔甲诚惶诚恐地体验爱情，随时准备在发现苗头不对时先出招好保护自己。你因此享受的不是爱情本该带来的欢愉快乐，而是戒备森严中带来的心力交瘁。

可当你用右脑、用心灵去享受爱情时（请注意，我强调的是享受），一个人在享受的状态下，肌肉是松弛的，神经纤维是松弛的，心灵也是松弛的。你因此才能在柔软的状态下去承接爱情所带来的美好感受，也才能看见内心深处的渴求和听见心里微弱的共鸣声。最重要的一点是，不论这段恋情是否最终能到达幸福的彼岸，你都已经在过程中获得了丰硕的甘美享宴，并且为下一个爱情做好了准备。

一旦接受了爱情，就要有承担风险的勇气，不要害怕失败。

我见过许多对婚姻悲观的适龄女子，她们在爱情的战场上屡战屡败，究其原因，只是因为从心底里拒绝婚姻，所以总是在爱情将要修成正果之时，下意识地破坏了它。

她们共同的潜台词是：与其进入一个不确定会有好结果的婚姻围城，还不如自己一个人快活地过着，干吗没事找事受那个罪？

可是她们心里的矛盾之处在于她们拒绝婚姻却渴望爱情。这种不对等的爱情需求，不管是发生在爱情的哪一方，都势必将爱情带向痛苦的渊薮。想想看，如果田径跑道上双腿绑在一起的两人奔跑的目标不在同一个方向时，那种互相角力和拉扯的力度，是多么容易两败俱伤，多么容易彼此毁灭？

我的看法是，如果你不向往婚姻生活，没问题，谈恋爱时就开诚布公地说明来意，找个也不打算结婚的男人，两人好好地享受没有负担的爱情。但如果你又害怕结婚、又觉得应该结婚、又打算一定要结婚，那么在招惹那个可怜虫之前，就该好好地调整心态，承认婚姻或爱情纵有风险，但你有驾驭它的决心和勇气。

再说了，现行法律没有明文规定"凡恋爱，就必须成功"。成功了，值得狂喜；失败了，就像台湾俚语所说的"打断腿骨颠倒勇"（腿骨头被打断了反而更强壮勇敢）。还有，千万别相信那些八婆的耳语，以为你的年龄已经失去了失败的权利。现代医学比以前不知发达了有多少，女人的最佳生育年龄已经向上修正了许多。放心，你不仅风华正茂，可以享受爱情，还有大把的时间可以慢慢地品味爱情。

学会分享，学会做伴。

现代的女人独立惯了。单身了 30 多年的我们，习惯了独享一张床、一张沙发、一个电视遥控器。

当我们身边突然多出了一个活生生的男人时，我们会有一段时间好不适应他的"确实"存在。我们可能会很享受他的温柔陪伴，很享受他的殷勤体贴，很享受他的甜言蜜语。可等到他真的闯入了我们的生活之后，许多我们已习以为常的生活方式会受到或多或少的影响和改变。例如，他吃你闺蜜的醋，让你不得不减少和女朋友一起闲逛的时间；星期天早上，他硬把你从好梦正酣的床上拽起来去晨跑；他早餐不习惯吃面包，害你放弃香喷喷的面包房，改吃油腻腻的烧饼油条；他睡觉时动静很大，夜里你还得起来和他抢被子……

这些听起来有些好笑的生活差异和习惯介入，对旁人来说，也许只是劝你别太挑剔的事不关己。可对生活在其中的当事人来说，它却可能是冷却爱情热度的巨型冰块。况且，对于已习惯独立生活的成熟女子来说，踏出原本建构完整的舒适圈，更是一件让人心烦和不悦的事。

那么面对果真需要在生活上做出一些调整，甚至妥协“牺牲”的爱情伴侣时，我们该怎么办呢？

首先，先确认这个人足够得到你的仰望，是你愿意为他做出改变的人。（如果评估的结果是不值得，那就赶快走人，别太委屈自己。）

其次，学会和他一起分享“你喜欢的事”和“他喜欢的事”。

这一点很重要。如果爱情的双方都只介意对方是不是能配合我的喜好，都钉着看对方是否愿意做出妥协时，那么相处就变成一种角力而不是享受了。在这样的心情之下，我们只会揪着心眼去衡量他或她做得够不够，而不是公平地看看我做得够不够。况且女人很喜欢“量化”男人对我们的感情，如果你这样，就表示你爱我；如果你不这样，就表示你不够爱我……量化的结果是男人被莫名其妙地折腾得筋疲力尽，女人也莫名其妙地被委屈得筋疲力尽！

最后，为自己的调整和妥协画出底线，并且明白地告诉他你的底线在哪里。

我向来鼓吹女人要学会温柔和妥协，但我也坚决要求妥协和温柔是站在一个起码的基础线上的。在两性关系中，如果任何一方只会无限制地让步和妥协，它不仅无助于维系爱情，还会失去对方的尊敬。更可怕的事，是失去自己对自己的尊敬。

所以，你可以为心爱的他改变自己的一些习惯，也可以为心爱的他付出较多的心力，但你一定要知道自己的底线在哪里，也一定要让他清楚地知道他必须遵守的底线在哪里。画出底线，无关竞争，只关乎他是否懂得尊重你和爱你。如果他做不到这一点，请相信我，他不是你等待至今的 Mr. Right，也不是值得你付出爱情与温柔的对象。

别左顾右盼。没错，是你，该享受如此美好爱情的，就是你！

也许是我们从小的教育使然，我们惯于看见自己的缺点，却不好意思承认自己的优点。在工作能力和学习能力上，也许我们已迈出了这个魔咒，可是在对待爱情上，许多时候，我们却仍然像个既期待又怕被伤害的孩子，在患得患失之间慌乱地被煎熬着。

我曾经为一位教“吸引力法则”课程的老师当翻译，在翻译的过程中差点被她的一段话濡湿了双眼。她说，我们一生几乎都在为获得更好的生活而努力，我们每天握紧拳头努力地工作、努力地学习、努力地争取，可是当老天爷真的因为我们的努力而赏赐给我们一些幸福时，我们却又还是握紧着拳头，既不敢承接，又不敢允许它发生。我们不承接或不允许的原因，是因为我们害怕自己不够好，不够有资格、不够有能力去掌握这些幸福。因此，与其接住它，又让它溜走，还不如握着拳头不让它发生免得到头来自己更伤心；或把拳头握得更紧不让它溜走。

因此，如果爱情来了，请张开你的双手，让手腕放松、把掌心朝上，甜美地去承接爱情。不要怀疑自己的美丽，也不要紧张地计算得失，更不要量化他的意图，只要相信自己是值得珍爱的女子，享受爱情过程中的每一个当下，那么爱情于你而言，就是上天最美好的赠与了！

PART 02

关于婚姻

没错

天下没有所谓完美的婚姻

更没有所谓完美的配偶

我只看见经过夫妻双方共同努力而达到的美好婚姻

或经过多年相濡以沫而臻至和谐的幸福生活

他们都是在婚姻还没有被葬送之前

懂得疏导

懂得遵守一些基本的“交通规则”

有这么一件事儿，没做之前心痒得要死，做完之后后悔得想死。

今天以前，这件事对我来说是“结婚”，现在又多了一个答案，那就是“偷情”。

“啊……”我躺在宾馆床上，从内心深处使劲地叹出一口气来，声音简直像哀号，把身边的男伴也吵醒了。

“怎么了？做噩梦了？”对方用一种很白痴的假装温柔的口气对我说。他把一只白皙的、有些细瘦的手臂搭过来，这马上让我想起看了好多年的郑涛的手臂，那种总被我说成“皮糙肉厚干苦力”的手。

“没事，我想回家。”我强忍着厌烦，把对方的手扒拉开，跳下床冲进了浴室。这不是荡气回肠的婚外恋，这只是一个空虚少妇碰到个爱占便宜的男人，然后各取所需。

“啊……”我再次从身体深处发出的哀号被浴室的水流声掩盖住了。于是我又趁机肆无忌惮地狠狠骂了几句脏话。

并没有马上回家，我决定去参加一个可去可不去的婚礼，反正家里也没人。我总是找借口在家以外的地方待着，大概郑涛也是，所以除非深夜或者清晨，我们很难两人共处一室。从什么时候开始这样的？曾经两人甜甜蜜蜜地吃早餐，如胶似漆地做爱，连体婴儿一样出双入对的家，成了让人望而生厌的牢狱？

我想不起来太多具体的缘由，似乎一切源于无止境的小争吵，刚开始一个月小吵一下，后来成了一周一吵，后来是见了就吵。一开始都是为了些像“打扫卫生”啊、“油盐酱醋”的小事争吵；后来变成不知道是占有欲，还是存心找茬儿的彼此控制，像比赛一样查对方的手机、QQ 记录，穷凶极恶地追踪对方的时间表，把鸡毛蒜皮的狗屁小事都升华到什么忠诚啊、责任啊、爱啊之类的高度；再后来，郑涛动了一次手，我翻出结婚证书撕成了碎片，又被他粘了回去；再再后来，我们不吵了，我们看对方不顺眼，就冷战；再再再后来，索性就只有冷了。

同样冷掉的，还有我们的性生活。以前总吵架的时候我们疯狂地做爱，一边哭一边打架一边做，好像做爱是打架的调剂品，或者反之。现在，最近的一次郑涛想亲热，好像是在两个月前，可惜整个过程我们都带着一种小心翼翼、相敬如宾的情绪。我怀念死了以前，以前有无数次的、他抓着我的手臂狠狠吻我的时候，想念那种彼此心里的认定和踏实。那天完事以后，我躺在床上，很艰难地说：“我感觉不到你爱我了。”郑涛没说话。我想骂人，我想摔盘子，我想去撕结婚证书，但是我最想的是和郑涛紧紧地抱在一起，紧得像一个人一样。我把手搭到他身上，但是那只粗糙有力的手并没有像以前那样回应我，我只感到逐渐冷却的身体和一声叹息。

我觉得寂寞死了，真的，从心灵到肉体。

去参加婚礼的路上春光明媚，我的心里却阴暗无比。桃花开得灼灼逼人，每朵怒放的花都像在嘲笑我的苍白。我看着路上和我一样穿着高跟鞋，昂首摇曳的女人们，想着这其中有几个和我一样，表面风光坚定，内里其实早成了千疮百孔的破棉絮？新郎新娘站在远处酒楼的阶梯上，正在鲜花和气球彩带中欢笑着拍照，他们笑得多甜呀，甜得我自惭形秽，甜得我在心里也忍不住很卑微地期望起来："我们或许还成？我绝不会再对不起他了，我们或许还能好好过？"

我用手机拍了一张新郎新娘看起来最甜蜜的照片，用彩信发给了郑涛，我说："重新开始好吗？"在整个吃酒席的过程中，我故意没再看手机一眼，心里怦怦跳地等待着那个回应，只要他回应，我就会付出一切去努力。甚至我都产生了幻觉，好像吃完这顿饭，我们就已经像新婚的时候一样好了。

告别了新人时天色都晚了，我走在回家的路上，这才深吸一口气掏出手机来看，有四条未读短信，第一条是妈妈的："周末和郑涛出去玩，调节一下。"第二条是房产信息。第三条是同事的："周一记得交报告哦。"第四条是个陌生号码："你刚走我就想你了，我们什么时候再见？共度昨夜的人。"

我泛出一阵恶心，咽了口冰冷的唾沫，没有其他未读短信或来电。

读完了这封来信，感觉胸口有一股闷气堵着，让呼吸有些困难。我的难受，一方面是因为这个故事的共通性太高，近几年我已经处理过类似情境的例子不下数十次；另一方面则是我看了最近才出炉的一份调查报告，说明我国 80 后年轻人的离婚率已高达 30%，也就是每 10 对结婚未满 10 年的夫妻中，就有 3 对以离婚收场！（试想，年龄顶多才二十八九岁的年轻人婚龄能有多长！看到这个数字怎么能不让人气结？！）

最近身边有几个我从小看着长大的年轻孩子结婚，她们快乐地筹划婚礼、试婚纱、选场地，为将来的婚姻生活想象着美好的场景。我很高兴看见有情人终成眷属，也兴奋地感受着她们的幸福，并且总是控制不住地在结婚典礼当天为她们的快乐流下感动的泪水。虽然总有人说婚姻是爱情的终结，是自由的围城，甚至很笃定地列举不成功、不幸福婚姻的吓人高比例（还有那份刚出炉、让人忧心的统计报告），但我还是执拗地相信婚姻，相信只要两人有心，婚姻可以非常地美好，而且不像传说中的那样可怕和不可捉摸。

实际上，对于曾经从事婚姻治疗工作多年的我来说，我看待婚姻的角度可能和一般人有些不一样。在许多公开与非公开的场合中，我常常会开一个玩笑，说至少我们这 2 ~ 3 代人的婚姻都有极大的可能是被几个专写完美浪漫爱情的小说作家给毁了。我还记得从我上小学六年级开始，就有过一个下午废寝忘食地看完一整本厚厚的爱情小说的纪录。那些描写绝美爱情的小说情节，极大极大地影响了我日后谈恋爱的内容，也极大极大地扭曲了我对爱情和婚姻的期待，更极大极大地折损了我在处理自己爱情关系时的情绪智商。

所以，现在每次对年轻的女孩们讲话，如果讲述的主题和婚姻有关，我都会开宗明义地先申明一件事实：“孩子们，你们一定要相信我，天下没有所谓完美的婚姻这件事！”

没错，天下没有所谓完美的婚姻，更没有所谓完美的配偶，而且令人遗憾的是，任何一桩婚姻都难免有遭逢险阻和颠簸的时刻。在我多年从事婚姻治疗的工作经验中，我只看见经过夫妻双方共同努力而达到的美好婚姻，或经过多年相濡以沫而臻至和谐的幸福生活，他们都是在婚姻还没有被葬送之前，懂得疏导，懂得遵守一些基本的“交通规则”，所以才让婚姻在不尽完美的过程中越走越远、越走越有味道。

（至于完美？啊哈！就让它存在于爱情小说的幻想世界中吧！）

婚姻的真相

好了，既然对完美婚姻的幻想已经被我打击得支离破碎，现在就让我们来看看婚姻到底是怎么一回事。

对于“古今中外”所有的婚姻专家来说，我们在进行婚姻咨询时大抵都会遵循一个原理来说事——“婚姻的七个阶段论”。

当然，每一桩婚姻都有它的独特性。就像我常说的，婚姻牵涉到两个曾经独自生活二三十年的个人，他们各有自己的成长经验、人格特质，以及从成长经验中所建构出的价值观。因此，没有一个婚姻专家敢说婚姻一定会遵循什么制式的轨迹。但我们也必须承认，由于婚姻的本质使然，大部分的婚姻或多或少可能会沿着一条大同小异的路径往前走，并且经历七个不同的阶段：

第一个阶段——激情

嗯，这是最美好的蜜月时光。两个人在最炙热的爱情里互许终身，心里都相信这桩婚姻让所有的人羡慕，一定会白头到老。即使在日常生活中发现了对方的缺点，也都能在彼此仍然高温的爱情中得到宽恕和容忍。

在物质生活还并不像现在如此发达的“纯真年代”，这个阶段的年头可以长达 5 ~ 7 年（这就是那个古老的名词“七年之痒”的由来）。但是随着现代人心思越来越活、越来越重视自我、越来越讲究现实、也越来越容易接受诱惑的不纯真使然，我们对爱情的使用年限已经出现了折旧过快的迹象。对于那些我们母辈们认为可以“凑合”着过的若干缺点，身为个人意识凌驾一切的现代女性的我们，却发现是“是可忍孰不可忍”的罪大恶极（请千万别以为我在夸大其词，这真是我在辅导许多年轻朋友的婚姻问题时，让我啼笑皆非的现象）。

因此，我们的“七年之痒”大大地提早发生了。那么现在第一阶段的激情时间大概有多长？唉！ 1 ~ 3 年！

我曾经仔细地思考过这个现象的发生原因，试图了解为什么原本炙热的爱情会如此迅速地冷却，甚至熄灭。我得出的结论是：问题就出在“炙热”这个关键词上。就像是劳伦斯所说的名言一样：爱得愈深，苛求得愈切，所以爱人之间不可能没有意气的争执。

从人性心理学的角度来解释，当一个人热烈地渴望某一件事物或某一个人时，体内会分泌许多具有兴奋和刺激神经系统功能的激素，例如肾上腺素，让我们保持在一种高亢的生理环境中。

在生理学方面，这种高亢的生理环境会影响我们身体的循环系统和器官的生理功能，并进而以不同程度的指令左右了我们的行为模式和思考能力。在各个腺体被刺激得分泌旺盛的驱使下，我们有可能变得很兴奋、很容易感受欢乐；同样地，也很有可能变得很敏感、很容易被激怒。

“炙热”对复杂的心理活动也有相同程度的杀伤力。当我们热烈地付出感情时，当然也期待得到同样热烈的回应。此外，身为“应该”被追求、被娇宠的女人，我们期待回应的强度往往要比所付出的还要更大。

因此，当对方以为都已经是老夫老妻可以不再小心翼翼地伺候我们时，那种被欺骗、被冷落的莫名委屈，让炙热的烈焰从燃烧的激情变成燃烧的怒火，在心理情绪的狂乱中，不仅烧得自己五内俱焚，也烧得身边的他觉得动辄得咎、苦不堪言。

我曾经在《先斟满自己的杯子》里说过，当一个人陷入热恋时，脑子里会分泌一种叫作“疯恋激素”的东西。这个激素会让你不想吃饭、不想睡觉，每分每秒都疯狂地想着对方，甚至会做出像在恋人家门口守着三天三夜不睡觉那样不可思议的疯狂行为。疯恋激素的分泌当然不会持续一辈子，通常会在两人的恋情进入稳定后开始慢慢地下降，可是让人扼腕的是，男女疯恋激素的分泌周期大不相同，男人疯恋激素的分泌周期大约可以持续 6 个月，而可怜的女人，却可能有长达 18 个月的时间都被笼罩在疯恋激素的影响之下！

因此，当两人还在恋爱关系中时，疯恋激素分泌的不一致或许还可以经由空间的距离，以及对感情仍存在变数的小心介意，来模糊和美化它的差距。可是当两人已然进入婚姻之中，当空间距离和任何不确定因素都已经消失之后，尘埃落定的释然就使得这个差距明显地被还原，甚至被放大了。

除了爱情两端炙热程度的不对等所造成的心理落差之外，任何一个沉浸在爱情中的女人都难免有患得患失的恐惧。当我们还在恋爱时，这种恐惧就已经存在了，可一旦结了婚，原本以为是尘埃落定的笃定，却有可能变成更患得患失的恐惧。我们很害怕所托非人，很害怕浓情转淡，很害怕幸福落空，很害怕天怒佳偶，很害怕……总之，我们很害怕已经拥有的幸福转眼成空，或像灰姑娘的南瓜马车在午夜 12 点凭空消失，所以我们需要不断地去“确认”幸福的确存在。但遗憾的是，这些满足自我安全感的确认，往往是让对方身心俱疲的折磨。

我自己已经安然度过了婚姻的 27 个年头，现在回头看看自己的婚姻生涯，竟然发现在一路颠踬中，最危险也最狂暴的竟是蜜月和新婚的第一年。我还清楚记得，婚礼过后，就在我们前往蜜月的旅途中，我就发生过歇斯底里地准备把结婚戒指丢到他头上的经验！而引起这番盛怒的原因，仅仅只是因为在我们的婚礼上，他和女同事说话时没有亲昵地把手放在我的腰上！

在婚姻的激情阶段，我还比较担忧看到的另一个现象，就是在激烈的争吵后随之而来的激烈性爱。就像在这封信里描述的一样，一边哭着一边做爱。这是许多年轻夫妻处理争执的简单方式，却也是阻止婚姻中沟通和理解的致命障碍。我们很害怕沟通，很担心面对自己真实的想法，所以干脆用激烈的性爱来麻痹自己（或欺骗自己），以为只要有爱就能化解所有的不安，就能包容所有的歧义。这样压抑的结果，反而是两人越来越无法直面相对，也无法用语言来说明自己的想法，最后落得除了性爱之外就找不到可以共同述说的语言，甚至失去说话的力气和沟通的意愿。

所以，如果你发现自己的婚姻已经落入这种“只做爱，不再亲吻呢喃，不再说话”的模式时，请尽快截断它，尽快恢复曾经喁喁私语好几个小时都还意犹未尽的无障碍时光。要不然，当激情渐退，当婚姻走向下一个需要彼此了解的阶段时，你会发现，没有良好沟通能力的支持，婚姻是很容易就面临无以为继的窘境的。

第二个阶段——了解

这是婚姻生活的必经之途，也是无可避免的阶段，特征是失望和冲突。严格来说，能否通过这个阶段的挑战是两人是否能相守一生的重要基础。对于才三十多岁、婚龄不算太长、仍然心高气傲的年轻夫妇来说，我认为“了解”是最艰难、也最需要学习的功课。

我们常常在一些电影或小说情节里，看过、读过男女主角如何因为一些像马桶座盖没有掀起来、牙膏的挤法不对这些鸡毛蒜皮小事而引发的战火。我们以为这只是为了增加戏剧张力而设计的夸张桥段，其实不然。

当婚姻进入了一定的年头之后，爱情由曾经的炙热转变为微温的稳定。在没有热烈激情的屏蔽下，对方的缺点很容易就被暴露或夸大出来（就在我写这篇文字的时候，离我不远的机场候机厅咖啡座上坐着一对夫妇，当年纪犹轻的妻子起身去取咖啡时，先生看着妻子的背影自言自语地轻声喟叹：“唉！走路弯着腰的样子真像个老人！”多管闲事的我瞪了他一眼，他才自知理亏地闭上了嘴）。

是的，对于现今自我意识高涨，敢于表达并且重视自己想法的年轻人来说，“了解”这个阶段来得既快速又迅猛。它迅猛的程度和杀伤力甚至在很多婚姻才刚开始步入这个阶段时，就已经颓然收场。

我还记得我母亲在我父亲辞世之后说过这么一句话：“唉！和他结婚了 50 多年，我还不了解他吗？知道他这个人就是这样，很多事情也就忍过去了！”这是我母亲对婚姻的看法和智慧，她没受过太多正规的教育，可是像大多数在那个年代拥有幸福婚姻生活的女人一样，她们接受丈夫的一切，透过“了解→理解→接受”的程序来消化自己的情绪，并进而给自己找出解决歧义的通路和方法。我当然不尽同意母亲的做法，也不认为女人一定要听天由命无条件接受丈夫的种种。不过，对于她用来应付婚姻险阻的“了解→理解→接受”，我倒是十分欣赏和赞同。

在还没有和你们分享该如何做好“了解”这门功课之前，我想先对“了解”这个名词下个定义。

什么叫作了解？了解就是在“不预设立场”“不先判后审”的情况下，理性地明白对方是什么、为什么、做什么、需要什么以及渴望什么。而不是先画下一个小小的框框，然后从“我”的价值观去审判对方是否能符合进入这个框框的要求。

至于如何处理好这个阶段该做的功课，我的建议是：

第一　理解“了解”一定是需要用语言来沟通的，而且这个沟通必须是双向的。不是你猜测他的想法，或一厢情愿地认为他是怎么样的人。

第二　明白你委身的对象是一个平凡的人。他有短处、有缺点，他不是完美白马王子的化身，就如同你不是完美白雪公主的化身一样。

第三　画出底线，让他并让你自己清楚地看见这条底线在哪里。

如果他的本质或行为在这条底线之上，那么纵使有些行为做得让你不开心，也要试着去理解和妥协。可是如果他的本质和行为逾越了你的底线，那你无论如何也得让他明白这是你绝对无法容忍的事，为了维系婚姻，他必须改变。当然，亲爱的孩子，你在画出这条底线时，一定得合情合理，别拿出你在家对爸妈使小性子的无理取闹。还有，你得明白“本质”和“理想”之间的不同。“本质”是这个人值不值得你做出妥协和让步的价值标准，而“理想”则是你年纪还轻时希望白马王子所拥有的东西。

第四 是沟通了解的过程中有时要试着站在他的角度去看问题，不能只单从自己的角度来选择性地相信。

我知道这个部分很难做到，我自己也仍然在学习中。不过根据我个人的婚姻经验以及为别人的婚姻排忧解难的专业经验来看，你如果不偶尔试着从他的角度来看问题，婚姻势必很难顺利地走下去。而且就算是能够走得下去，自己也会因纠结不开的委屈而非常痛苦。

我在处理婚姻或感情问题时，很喜欢带着当事人以旁观者的身份，用“看电视”的心情和角度来审视自己的困境。我总是带着当事人，从看那一出非常有名的电视连续剧《中国式离婚》开始，当连续剧的剧情说到男主角如何在女同事的暧昧情绪里力持镇定、如何始终坚持对妻子的忠诚、如何面对妻子歇斯底里的闹腾而痛苦不堪时，我们总是为那位任性妻子的愚昧举措感到愤怒；可当镜头转到寂寞恐慌的妻子身上时，我们又能感同身受地理解，面对先生的忙碌和冷漠、面对先生和同样杰出的女同事之间的红粉知己情结时，她又是如何焦虑和不知所措。

作为局外人的我们，随着剧情的推演，看着仍然如此深刻相爱的两个人如何因为不理解而承受煎熬，甚至将本该美好的婚姻送进坟墓时，我们除了扼腕浩叹之外，一定会气得大声怒斥剧中的妻子：“你冷静下来，好好地听他说话啊！”是的，我们一定要冷静下来，好好地听他说话，给他一个机会。更重要的是，给自己一个机会，看看是否能从他的角度来理解他的想法、做法，以及他可能承受的委屈，这样或许能帮助我们在比较平静客观的情绪中，了解事实的真相和接受他。

第五 在了解的过程中，每一次遇到失望和挫折时，一定要想想他当初吸引你的特质，回忆那最初让你怦然心动的感受，检视一下当初你爱他的原因是不是仍然存在。

如果你的答案是肯定的，那么造成失望的原因是他改变了，还是你改变了？或者，是什么原因造成了这样的改变？如果你找到了问题的症结，首先请记得，爱情的温度是需要不断地去更新的。你先更新了爱情的温度，有了足以支撑挫折的动力之后，再勇于承担责任地去修正自己的错误并指出他的错误。

如果你的答案是让人心碎的否定，就请冷静地思考它还有找寻回来的可能吗？或者，它还有被找寻回来的意愿吗？

第六 你一定要知道“了解”这个阶段没有尽头，不是结婚到了某个年限之后，就功德圆满自动升级。我自己就发现即使已经结婚了 27 个年头，到现在仍然不敢说自己完全了解或掌握了他的心思。

第三个阶段——反抗

和第二个阶段纠结在一起的，是十分危险的第三个阶段“反抗”。我之所以说这是个危险的阶段，原因是此时夫妻双方可能都开始步入了人生比较艰困的时期——责任期。

在发展心理学的理论中，35 ~ 55 岁是人生的责任期。45 ~ 50 岁是人生责任的高峰期（上有老、下有小。此时父母已垂垂老矣，为人子女的必须面临养老送终的问题；而自己的孩子还没有完全成熟，仍然需要担忧他们的未来）。35 岁左右则是步入责任期的初期，同时也是最需要适应与磨合的时期。而且在这里我必须特别强调的是，对于责任期的诸多感受，由于父系社会的成长环境使然，男人要比女人来得明显和强烈得多。

为了更清楚说明这个理论，我试着帮你们描绘一个场景：

当一个已婚的女人在办公室里遭遇了许多的不愉快，如果当下缺少了她这份薪水，对家庭开支还不足以有立即伤筋动骨的危险的话，那么她大可以噘着嘴、跺着脚、撒娇地说："哼！大不了我不干了！反正我老公可以养我！"当她任性地扭头离去的时候，我敢说，大部分的女同事都会在心里羡慕她的幸运："唉！看看人家多幸福啊，有会赚钱的老公养着，不用在外面受气！"

可是，如果我们把相同的场景换成一个男人，当一个在工作上受到巨大压力的男士，即使他老婆的薪水足以很好地养活一个家庭，他也不会（更不敢）在大庭广众下公然承认自己的老婆是撑起家庭开支的那个人。如果他像前面那个女人一样，跺着脚说："哼！反正我老婆会养我！"当他潇洒地扭头离去时，我敢说，大部分的耳语会是"真没出息"的嘲讽讥笑，而不是来自心底的羡慕了！

这就是男人在父系社会里成长所必须承受的压力。他们被定位成"给予者"的角色，生来就背负着养家糊口的重责大任，在他们很小的时候就被教导要承担更多的工作（哥哥要让妹妹，哥哥要保护妹妹）。作为女人，我们可以毫不困难、极为骄傲地享受"妻以夫为贵"的荣耀光环，可是男人在真的陷入"夫以妻为贵"的现实情况时，却得努力消化掉心里"吃软饭、没出息"的难堪情结。

因此，当一个男人走进三十多岁的责任期时，在心理上，他没有像女人一样有个可以"合法"依靠的退路可走（即使有，这也是另一种压力的来源）。他的职业生涯，不论喜不喜欢、开不开心，都只允许前进不允许后退，因为他肩上背负着对妻小的责任，以及作为大男人该有的尊严。

可是，任何在职场里工作过的人都知道，当你只是初进公司的小职员时，你可以挥洒的空间是很大的。那个时候我们初生牛犊不怕虎，我们还年轻，我们还可以选择，我们还有大把的青春可以尝试错误，而且，还没鞋穿的我们也没有什么是可以输掉的。可是当我们拥有了一定的工作年资，在公司里逐渐往上攀爬的时候，除了发现竞争越来越激烈、可以抢到的位置越来越少之外，最可怕的是，我们不再潇洒自如，我们害怕失去已经穿上的那双鞋，也害怕付不出每个月按时寄到的账单和妻小因此而受到的伤害。所以，处在这种心理环境压力下的三十多岁的男人，内心其实是非常脆弱和容易受挫的。

男人的脆弱，除了和肩上所背负的压力有关之外，还有一个不公平的地方，就是他们从懂事开始，就被剥夺了自由表达情绪的权利。你想想看，一个小男孩从几岁开始就被告诫说：“男孩子要勇敢，男孩子不可以爱哭。”我曾经在一个亲子教育讲座中被一位年轻妈妈完全击败！这位忧心忡忡的妈妈告诉我，她很担心自己的儿子有恋母情结，因为儿子每天睡觉一定要挨着她，而且还不停地摸着她的耳朵。我刚开始听了也有点担心，可是等追问孩子有多大了之后，却不禁为之气结。原来她的儿子才三岁多！

试想，我们在男孩才三岁时就已经给他勾画了男子汉的形象——勇敢、坚强、冷血！当我这么一个五十多岁的女人还可以看悲剧电影自由地呜呜哭着时，男孩从上幼儿园开始就已经做好擦干眼泪的准备。他们没有获得好好学习如何处理挫折、如何宣泄压力的机会，所以只能从父辈身上学会打落牙齿和血吞，学会将情绪感受闷在心里，学会遇到事情要不就一翻两瞪眼，要不就拍拍屁股，走为上策。

所以任何结婚超过1年以上的女人，都会对我接下来描述的场景有似曾相识的莞尔。家里的男人平时看起来雄赳赳气昂昂的，可是你千万别让他有个小病。只要他有了个芝麻蒜皮的小毛病，例如感冒，他就一副病恹恹的样子，一会儿发烧了，一会儿胃口不好了，一会儿又这儿疼、那儿疼的，娇弱得让人看了都好笑。他们之所以会如此强化身体的不适，其实就是因为想借由这些小病痛来宣泄自己的情绪，并且满足平日得不到，或不好意思需索的被呵护的心理需求。

好了，我们明白了男人的性格养成、责任、压力以及情感需求之后，再来看看在婚姻关系里的“反抗”又是怎么发生的呢？

从人性的角度来说，在不同的人生场景里，每个人都难免会面临着自我利益和共同利益之间如何取舍的难题。大焉者，例如在职场中，我是要做个懂得牺牲个人的成就而重视团队精神的人，还是反之？小焉者，生活中平凡琐事的例子更是不胜枚举，例如面对高峰时间拥挤的地铁，我是选择遵守共同利益、规矩地排队上车，还是先保证自己能上车比较重要？

在讲究妥协智慧的婚姻关系中，需要做出取舍决定的选择题更是频频出现，并且扮演着维系婚姻的关键性角色。这些取舍可以细小到一些芝麻绿豆大小的生活琐事：星期天下午，我是推掉闺蜜的下午茶邀约，和他一起逛那热得要命的花鸟市场，还是……取舍也可以巨大到关乎个人的生涯规划：面对他的工作变动，我是继续留在很有前景的原工作单位，让他自己一个人搬到外地，还是……

面对选择，让我们做出取舍决定的背后动因，除了理性的分析和感情的考量之外，还有一个幽微的、但至关重要的、有决定性影响力的内在声音："在这段关系中，我被满足了吗？"

啊哈！问题的关键原因终于浮现出来了。是的，凭什么都是我在退让呢？我的需求得到满足了吗？如果我一直委屈妥协，在这样的婚姻里，我会快乐吗？这就是形成"反抗"的诱因和动机，也是我担心年纪还轻的三十多岁的孩子无法顺利过得去的心理关口。

在我祖母、母亲的那个年代，绝大多数女人的婚姻选择题里没有"离婚"这个答案可以勾选。当她们遇到了心里没有满足的缺口时，她们所能做的，只是用认命的心理情绪去合理化她的遭遇，她不会难过，也不会夸大自己的匮乏，她只是在被赐予的欢乐中安静地生活，安然地与自己的宿命妥协。

到了我这个年代，女人比母辈独立自主得多，我们不太可能只用"宿命论"来解读自己的生命，我们可以很好地养活自己，赚的钱甚至比男人还多，工作能力也毫不逊色。可是大部分的我们，仍然尽可能地把"离婚"这个答案排除在可以勾选的范围之外。我们不一定是安然地与自己的宿命妥协，我们只是选择"不得不"妥协，我们不反抗，只因为我们不好意思离婚。

至于比我们更优秀、更有能力、思维更开放、更独立自主的你们，如果不能理解婚姻的真谛，不能学会如何应对"反抗"的心理情绪，那么离婚率的高居不下，自是可以预期的事。

我相信读到这里，正在看书的你一定气愤难平：金老师，你为什么总是把维系婚姻的大部分责任放在女人身上，难道我们就那么活该倒霉吗？难道只有他会反抗，我就不会反抗吗？

是的，是的，亲爱的孩子，就是因为知道婚姻走到一定年头，“反抗”是必经的阶段，也因为知道女人当然也会有反抗的心理情绪，我才会用这么多的篇幅，这么不厌其烦地举例告诉你男人在责任期所承受的压力，帮助你知道如何理解这个年龄段男人的焦躁反抗心理，以及如何不“对号入座”地认为这些反抗情绪都是冲着自己来的。我的看法是，当我们不把对方的情绪 take personal（带入自己的生活）时，我们就能比较心平气和地去看待问题、解决问题，而不是像紧绷的弦丝那样一拨就断。

此外，我还想对年轻的你说几句心里话。在不同的演讲场合中，只要谈到家庭，我最喜欢反复提醒的一句话就是：“在一个家庭里，如果有一个情绪稳定成熟的女主人，那么这个家庭里的成员就不会错到哪儿去。”没错，对一个家庭来说，男人也许是那根支撑着家庭保护伞的顶梁柱，可是让那根柱子牢牢地站着的却是女人温暖的胸膛。对每个有母亲的孩子来说，回到家，一推门扯着嗓子喊的绝对是：“妈妈，我回来了！”妻子、妈妈，就是那个让人回到家见了就安心的秤砣。太太开心了，丈夫也就放心了；妈妈开心了，孩子也就安全了。

所以，女人本来就应该在婚姻里扮演那个情绪比较稳定成熟的角色，也是带领着家庭演奏出和谐律音的指挥家。请你一定要相信我，我的这番话并不是打压女人，也不是教女人自我矮化。对从事心理治疗工作的我们来说，拥有最坚强心理素质的人，是那些能冷静地看见问题，勇敢地面对问题，技巧地解决问题，并进而智慧地引导对手的人。

那么我期待的智慧女人是怎么解决“反抗”这些情绪的呢？

首先，你一定要确认这是“我的选择”，而不是他逼我做的选择。如果你自己决定要扮演这个带领情绪、稳定情绪的角色，那么在遇到需要用忍耐和妥协来化解反抗时（包括自己的反抗和他的反抗），就不要再怨天尤人，不要再唠唠叨叨地诉苦埋怨，免得徒增自己的痛苦。

其次，女人的妥协绝对不是无知的牺牲。如果他值得我为婚姻付出努力，这些妥协就是有价值的。可是如果他的人品、他的价值观、他与人交往的态度以及他对我和孩子的态度，都不能得到我的尊敬，那么这些付出就是愚蠢的，就必须仔细考虑下一步该如何走的问题。

如果我假设你的答案是前者——“他值得我这么做”。此时，就是我们该“先斟满自己的杯子”的时候了。面对自我利益和共同利益之间如何取舍的难题，妥协可以有两个选择：一个是逃避和退让，这是具有破坏性的欲望。另一个则是保有真正的自我，并做出合理的让步，这才是心理健康的行为表现。

你现在明白为什么我要你先确认是否是自己的选择，以及他是否值得你这么做了吗？

是的，妥协的勇气必须来自正向的能量。在婚姻里，它可以来自爱、来自理解、来自温柔、来自承诺。但是在运用这些正向的能量之前，我们自己首先必须是快乐富足的，是心甘情愿这么去做的。因为唯有内在的丰足才能源源不绝地提供能量，也才能在那么细琐乏味的婚姻生活中，找到继续爱下去的力量和理由。

当然，婚姻不是一道简单的数学题，生活中方方面面的矛盾也绝对不是一加一等于二那么容易解决，有关婚姻的酸甜苦辣，但凡婚龄超过一定年头的配偶，都能侃侃而谈一番家家有本难念的经的大道理来。所以，接下来我要告诉你的这番话，真的是非常重要。

我想说的是，男人是很讲义气的。相信我，除非他真的是个混蛋，完全不值得我们的付出，要不然，男人骨子里有受人点滴、泉涌以报的义气。你对他好一分，他一定会还你十分，最终的幸福还是我们自己在享受。

我的特别助理从大学毕业之后就一路和我共事，她和结婚将近四年的老公的相处模式，相当程度地受到了我的影响。有一天，她受托转达她老公的感谢给我，她说："我老公十分感谢您给我们的教导，其中，他最感谢的，是您告诉我，只要我对他好一分，他一定会还我十分，我们的婚姻因此快乐和谐，非常幸福。"

我还非常清晰地记得她结婚那天的场景。当证婚人问新郎是否愿意照顾并爱护他的妻子时，我坐在离新郎不远的台上，清楚地看见新郎眼里泛着泪光，激动地用哽咽的声音说："是的，我愿意。"当时我就知道，只要他们懂得如何在平淡的日子中相处，他们的婚姻绝对会是隽永而美好的！

亲爱的孩子，此刻你一定又睁着眼睛、不高兴地问我："为什么要我先对他好一分，他才还我十分？他不能主动一点吗？"

呵呵！

第一 我没让你在大街上随便找个男人对他好一分。我让你温柔以对的，是你打算终身相守、与子偕老的人生伴侣。

第二 记住，这是你的选择，你可以自由地决定怎么对待他。

第三 在爱里没有所谓的公不公平。如果在爱里事事要求公平，那就太累人，也不是爱了！

第四 请一定记得，他是你今生的恋人，不是对手！

我写过一篇叫《骨子里的温柔》的文章，收录在另一本书里。在这里我想再引用文章中一部分的文字：

温柔不是学着嗲声嗲气地说话，不是刻意穿低胸的性感吊带睡衣，不是练就哀怨动人的魅惑眼神，不是凡事迁就委屈做低声下气的小媳妇。它是一种心情，一种来自骨子里的情愫。

让我用刚生完宝宝的妈妈来做比喻吧！请你想想，如果我们怀中抱着襁褓中的宝贝孩子，我们因为爱他，怕弄疼了他软软的小脑袋，所以我们臂弯的肌肉和骨骼会尽可能地柔软，尽可能地用更好的姿势抱他，让他睡得香甜舒服；我们和他说话时，会尽可能地带着和蔼的笑脸，轻声细语，免得太大声吓着他小小稚嫩的心灵；当我们伸手抚摸他时，我们会尽可能地让力度放轻，动作柔和，免得太重伤了他细致的小脸蛋、小手手……这些“尽可能”就是一种情愫，一种因为爱而不忍伤害的情愫。

当然，我并不是说我们得像对待婴儿那样小心翼翼地对待自己的男人，但我特别想强调“不忍伤害”这种心情。如果我们爱一个人，就会不忍心看见他被风吹雨淋，不忍心看见他被刺伤难过，更不忍心看见他意志消沉、落魄潦倒。在彼此相爱的两个人中间，就是因为有这些异于旁人的不忍，爱情才会在温柔相持中得以继续维系并修成正果。因此，如果我们在两人的爱情关系中把“不忍伤害”的温柔心情去掉，那么在激情过后自然就没有什么可资留恋的了！

第四个阶段——合作

假以时日，婚姻也意味着处理财务问题、建立事业以及养儿育女。两人的关系从情侣变成伴侣，再转而成为父母、伙伴。这是一段辛苦而崎岖的路径，我想在亲子教育那个篇章里再详细地和你分享我的经验和想法。

婚姻接下来的第 5 ~ 7 个阶段，你们年纪还轻，还没有立即面对的可能。所以我只在这里大概地描述一些，细节留待以后再详谈吧！

第五个阶段——再结合

子女长大成人后，接下来会是什么？对婚姻幸福的夫妻来说，这时正是彼此需要、相依相偎、享受彼此陪伴的再结合。但这种理想不容易达成，需要再添薪加柴才能重燃激情的余烬。

第六个阶段——爆炸

退休、失业、健康危机、父母生病或死亡。步入中年以后，在人生责任的高峰期里，这些爆炸危机会一波一波接踵而至。此时，婚姻和伴侣可以是一种慰藉，是稳固婚姻的诱因；但它也有可能转变成了分散危机所带来的痛苦而做的冒险尝试。此时婚姻会走向哪一条道路，端赖前几个阶段所打下的基础。

第七个阶段——完成

经过数十年的相处，婚姻的幸福感更形饱满，因为彼此之间的多年相知，现在除了伴侣之外，更蕴含了心灵伙伴的深层意义。如果能相持到老，此时是圆满爱情最大的收获和回馈。

婚外情

我意识到婚外情的“猖獗”，是在一次小型的女性课程上。

那是一个远赴海外、为期七天、针对公司女性高层主管的封闭式课程。我担任大部分课程的主讲讲师，学员则来自不同的中、大型企业。在课程即将接近尾声的某一天晚上，也许是因为远离了生活和工作的城市，经过几天学习大家又都已经十分熟稔，在几杯温润红酒的催促下，有人豪迈地做了一个调查：她请所有同学以不记名的方式在纸上画圈或画叉，圈圈表示自己正在一段婚外情中，或曾经有过婚外情；叉叉则表示没有。

折叠好、投入大玻璃杯中的纸条最后由我来负责揭晓计算，结果发现在 20 多张纸条中，圈圈的比例竟高达百分之七十强！我还记得当时被这个调查数字震惊得瞠目结舌。回家之后，我上网查阅了各国相关的数字，又和我仍在从事婚姻治疗的同学们联系，最后发现这个比例并不突然。

那天晚上，面对调查结果，同学们在已经很放松地卸下武装之后，开始海阔天空地为自己的主张辩护。有人说婚外情能促使女人重新重视自己的身材和外貌，有人说婚外情是一种对自我满足的主权伸张，有人说婚外情是对婚姻道德的背叛和冲撞……那天晚上，我们没有对婚外情做出结论（当然也无法做出结论），但我相信，所有同学都是在思潮澎湃中回到房间，并且度过了不太平静的夜晚。

婚姻关系的日益脆弱，确实是讲究自我的现代人不得不正视的问题。在这里，我无意对这个行为做出任何评价或判断，因为我相信年过 30 的女人，已经是心智和生理都步入成熟的年岁，不需要旁人再耳提面命地告诉你该或不该。不过，我倒希望对有如此困惑的你，提出一些自我检测的建议，看看能不能帮助你厘清心中混乱的线团。

A 我打不打算让这段婚外情取代现有的婚姻？

B 如果我有此打算，它的可能性有多大？

C 如果我没有这个打算，那么我想从这段恋情中得到什么？

D 我得到了吗？

E 我得到的，和我因而失去的，符合效益原则吗？

F 如果这段恋情失控了，会产生什么后果？

G 如果发生损害了，我会失去什么？

H 我愿意承受这些失去吗？

I 我有控制驾驭这段感情的能力吗？

J 我有控制驾驭自己的能力吗？

K 我快乐吗？

好了，你回答完所有的问题之后，就应该知道下一步该怎么做了！

他背叛了我

一对行为举止非常亲昵、年龄却悬殊的男女在路上走着。

过往的女人看到之后的反应大多是：

“哼！这种男人真差劲！头都快秃光了，还找个那么年轻的女孩，说不定年纪还没自己的女儿大！”

“唉！这年头啊，年轻人就知道爱慕虚荣，跟着这么大岁数的人，也不知道将来的日子怎么过呦！”

“哼！狐狸精，破坏人家家庭的坏女人，没道德！”

过往的男人看到之后的反应则大多是：

“这个男人真厉害，这把年纪还能泡到小妞，真希望我也有这个运气！”

“这女孩真漂亮，身材真好，嘿嘿！”

这就是男人和女人在骨子里的不同之处。按照心理分析学派老祖宗弗洛伊德的说法，认为人性本恶，人生而有两种欲望，即“生之大欲——性”，以及“死之大欲——侵略”。人有追求喜乐以及逃避痛苦的本能。在以往男尊女卑的社会中，男性行使欲望、满足需求，是他们生而具有的权利，女人只能忍气吞声，默默承受丈夫的左拥右抱。如果偶有性格刚烈的女子，容不下丈夫的三妻四妾，其下场则是氏族长辈的晓以大义，对女子三从四德的谆谆教诲。

好不容易熬到了男女平等的现代社会，我们以为存在于男人脑子里的恶腐思想应该已经连根拔除，但事实却让我们大失所望。因为男人的生物性永远存在，只是碍于教养，碍于对自己的道德要求以及对妻子的忠诚，而把这原始的生物性冲动压抑下来。不过，只要遇到稍有强度的存心挑逗，它还是有一触即发的潜在危机。

根据两性心理学家针对一千多名有效样本所做的一项调查研究显示，男性在看到或得知熟识的男性朋友有外遇之后，通常会有以下几种心理情况产生：

羡慕：这家伙真是艳福不浅，真知道如何享受人生！

类比：哪个男人不偷腥，他能我也能！

酸葡萄心理：凭他也能搞外遇，只要是我愿意，一箩筐的情妇都有可能！

赞同：这才叫男人嘛！

佩服：他怎么有时间和精力交女朋友？难道不怕老婆知道吗？

幸灾乐祸：哈哈，简直是自找麻烦，等着吧，快有好戏看了！

你注意到了吗？男人获知朋友的外遇情事之后，鲜少有人会对此发出道德上的挞伐，因为在他们的潜意识之中，性是一种能力、一种武器，是象征男性力量最鲜明的图腾，也是衡量男性征服力的判断标准。所以若要预防先生出轨，最好尽量让他远离试探，并且尽量弱化他需要证明自己原始能力的心理动机。

想象与真实的出轨

有深谙人性的专家说，性幻想，为我们的生命带来稳定的杂音。无论是在会议室或商店里、在地铁或飞机上，它都可能存在。大部分的时候，尤其是在幸福婚姻中，幻想都会有所节制，它们多半转换成夫妻性生活的兴奋剂。

有些人认为出轨的幻想，是婚姻不幸的征兆。这当然有其一定的可能性，不过专家们却找不到证据来显示它的必然性。事实上，性幻想是成年人正常生活的一部分，渴望爱恋和抚触也是人之常情。例如，女人们会幻想被布拉德·彼特、贝克汉姆拥抱着的甜蜜滋味，男人们则想象着与苏菲·玛索、安吉莉娜·茱丽上床的大汗淋漓。

女人们的幻想，是与《廊桥遗梦》中的某个陌生的流浪客偷欢数日，然后他就一走了之。我们幻想超越日常生活的平淡琐碎和限制，向往一种狂野的、性灵的、炙热而危险的关系，但又不会危害家庭。男性则从青春期开始，就幻想与性感美女做爱，对方能满足他所有的要求，而强壮的他，也能充分满足她的要求。但他也不想危害家庭。

我想要强调的是，不仅仅只是男人有性的幻想或精神上的出轨，女人也是一样。你只要想想去参加10年之后的大学同学会时，如果当年热恋的男友也在场，你会如何刻意地装扮自己，以及会带着什么样的心情赴会？

事实上，即使是非常美满的婚姻，也难免会有令人略感不足的缺乏。只是婚姻幸福的夫妻，会安于他们最重视的需求已经得到的满足，至于没有得到的东西，就让它成为幻想中的一部分，留待自己一人独自凭吊。例如：我嫁了个细心体贴的好老公，但发现自己有时渴望享受一下狂野热情的性关系；我娶了一个才华横溢、对家庭无怨无悔的好老婆，但我又渴望她是个温柔善解人意的小女人，能爱抚我、崇拜我。

不过，性幻想与真实行为之间的分界，有可能十分脆弱和细微。尤有甚者，某些强度的性幻想在长期无法得到满足之后，会变成与实际行为出轨一样的危险。所以，如果在日常婚姻生活中感受到了某些匮乏，它又常常萦绕心头有逐渐增强扩大的趋势，就要试着开诚布公地表达出来，防微杜渐，做些改善的努力，以免导致真实出轨所带来的伤害。

出轨的界限

大部分的夫妻都承认，一夕之欢，要付出的代价很高，但还不至于破坏了婚姻。一位接受过我辅导的妻子说："我不会为一次事件就抛下婚姻，但如果他对所做的事不再在乎，那就严重了！"

另外，不论男女，面对配偶的偶一出轨，虽然觉得不可原谅，但都会试着去理解接受。但如果婚姻的核心——精神性的爱——受到了威胁，"如果我丈夫回来对我说，他真的爱那个女人，那我就绝对不能再忍受"，"如果我太太有了情人，说她爱他胜于爱我，那我就头也不回地离开"，这桩婚姻的修复就很难有圆满的结局了。

爱情的感受只存乎一心，旁人既无法为我们做决定，也不需要在一旁说三道四。我们愿不愿意原谅伴侣的出轨，或是否划定一条出轨的界限，都是自由心证下的选择，结果也只有自己来承受。我唯一想说的是，在我们做每一个决定之前，都得确定知道自己在做什么，以及它是否来自内心真实的意愿。所以，不管你如何处置伴侣已然对婚姻造成伤害的出轨事实，都要记得冲动行事所可能带来的后果。

出轨男人的心理真相

不管你是否打算原谅出轨的先生，我都有责任告诉你男人在有外遇之后的几个心理情况，好让你知道如何采取攻防之道。

随时备战的精神压力。

为了担心东窗事发，他每天得小心翼翼地安排时间，编织谎言，刻意讨好老婆，还得装出好丈夫、好爸爸的样子；同样地，在外遇情人面前，他又得费尽心思哄着骗着，夸大在家得不到关心、和老婆没感情的故事，继续承诺总有一天会离婚的谎话。这种太平时期蜡烛两头烧的精神压力，已经让他焦头烂额，如果万一东窗果然事发，他又得周旋在两个歇斯底里的女人之间，筋疲力尽地为自己的荒唐付出更大的精神代价。

工作负担的压力。

工作对男人而言，是他最重要的生活内容，以及个人成就价值的体现。如果有了外遇，在又想和情人幽会，又为了不占用太多家庭时间引起老婆疑心的情况下，男人势必得最大化地提高工作的效率和增加工作的强度。此外，工作中，情人屡屡甜蜜的召唤、老婆频频查勤的电话，也让工作分量完全没有减少的男人，一心多用，心力交瘁！

时间不够用的压力。

中午匆匆地从办公室赶到餐厅和情人碰面吃饭，匆匆地吃完饭后，再匆匆地赶回办公室；下班后，编了个自己都觉得薄弱的借口之后，匆匆地赶去和情人见面，之后，再匆匆地往家里赶……这是许多工作忙碌、又有外遇的男子的真实生活写照。匆匆地来，匆匆地去，脚不着地、心不踏实。时间永远不够用。

体力不济的压力。

偷情，是促进狂野性爱的心理催化剂，任何人初尝之后，都难免会有乐此不疲的瘾症反应。男人在外偷情之后，回到家往往会以工作劳累为由，降低和妻子的亲热频率，但是为了打消老婆的疑心，有时又不得不故意主动出击，奋力迎战。如此一来，难免体力透支、睡眠不足、精神不济、脾气暴躁。

对孩子负疚自责的心理压力。

临床上，许多已婚、有孩子的出轨先生或妻子，把他们从婚外恋情中拉回头的原因，是他们无法面对自己的孩子。有个已年过60的男子在某个课程里自白说，他第一次出轨时，40多岁，有一次和情人幽会回家后，看见儿子的背影，他羞愧得无以复加，决定和情人分手；第二次出轨，是在60岁的生日之前，他和情人幽会回家后，看见孙子清澈的眼睛，使他再度羞愧难当，决定和情人分手。

我们姑且不论每一个有婚外情的男人，是否都有上述种种的压力。不过事实证明，有相当高比例的男人的婚外情，确实会因为再也无法承受压力的重负，或者因压力而削弱了偷情的刺激，而使这段无法曝光的恋情无疾而终。

如何处理丈夫的出轨

我用“处理”这个词，而不是“面对”这个词，是想表达一个观念：你得站在上风处，去处理问题，而不是屈于下风处，去面对问题。

控制情绪，不要变成歇斯底里的泼妇。

发现丈夫出轨的事实之后，第一时间，你一定要大发雷霆，试图扩大事端。你的暴怒，是让他明白事态严重，清楚知道你绝对无法接受这件事情的态度，以及你因此所受到的伤害，同时也作为对他的惩罚。

可是，你不要让暴怒的情绪持续发作太久，或整天没完没了地哭闹。中国有句成语“恼羞成怒”，原本是他做错事情，但是因为你的歇斯底里，最后却落得泼妇骂街的口实，反而让他理直气壮地拂袖而去。

而且，面对丈夫的背叛，委屈得不得了的妻子最需要的是丈夫明确的悔意和歉意。可当我们歇斯底里地哭闹不休时，本身也烦躁不堪的丈夫在屡屡道歉赔罪无效的情绪下，难免脱口说出更伤害人的话，或做出更伤害人的行为。因此，在保护自己的前提下，适时地收敛情绪，是很重要的学习。

你要做的事，是继续发怒，但不是消耗元气的大吵大闹（尤其是孩子在家的时候），而是安静下来的冷若冰霜。你要清楚地让他知道你还在生气，让他感觉到你正在思考，却不知道思考和计划的内容是什么。如果他还在乎这个家，还在乎你，你不寻常的安静会让他很害怕，因为无法预知下一步会发生什么事，所以他会更加小心、亦步亦趋地跟着你，向你道歉。

请记得，此时御夫术的关键之处，是让他不寒而栗、自动缴械，而不是比谁的声音比较高，谁的力气比较大，让他心生厌恶地硬碰硬。

尊重自己，不要失去理智到处告状。

在还没有做出处置的决定之前，先不要回娘家告状，更万万不可像疯妇一样到他的单位大吵大闹，或找他的哥们儿哭诉。你要冷静地想想，需不需要给自己留下一条退路？是的，给自己留下一条退路，不是给他留下一条退路。

如果你决定接受他的道歉，让他回家，那么你先前的告状，就会成为婚姻日后的地雷。因为除了得向娘家人频频解释、平抚他们的担心之外，你还得化解自己面对他人时的尴尬情绪。再说，他的婚外情人也许哥们儿都见过，你绝不可自辱身价，让别人指手画脚地拿来做比较或成为茶余饭后的娱乐谈资。

如果你决定不接受他的道歉，选择离开，那么这番告状的闹剧就更显得可笑。你一定要记得，只有自己会为此遭遇伤心难过，旁人的同情最多只是应景的客套，闹腾之后，别人也就淡忘了，只留下我们自己为当时的失态悔恨不已。不过，娘家人是我们永远的支持，如果婚姻已势不可为，倒在爸妈兄妹的怀里大哭一场，确是一帖很好的安慰剂。

请记得，面对这场战役，你的优雅教养和高高在上，是让第三者相形见绌的明镜，也是让你的老公和老公的朋友，分辨孰高孰下的武器。我们也许最终仍然失去了婚姻，但却赢得了尊敬。最重要的是，赢得了对自己的尊敬。

别太悲情，不要让自己成为奄奄一息的苦命怨妇。

一哭二闹三上吊，是女人与生俱来的本事，也是我们得以发泄情绪的苦肉计。可是如果我们过度地使用它，让它反客为主地控制了我们的身心，那么苦肉计还没有得逞，我们就已经变成披头散发、到处诉苦、人见人厌的祥林嫂了。

面对婚变，尤其是面对丈夫的背叛，对任何一个女人来说，都是自尊与骄傲的重大摧毁。我们很可能因为这个打击而瓦解了一直得以安身立命的价值观。我们不仅对丈夫心生怨恨，对破坏婚姻的第三者心生怨恨，潜意识里，也对自己心生怨恨。我们因此会变得尖酸刻薄，用恶意的语言和行为来惩罚自己，在看似伤害先生的行为中，其实不断地在伤害自己。

在这种心理状态下所造成的最典型行为，是深度的抑郁情绪表现：哀莫大于心死一般的冷漠，气若游丝般的虚弱憔悴，把自己关在家里对任何事都不再感兴趣，以及披头散发不修边幅的邋遢等等。上述这些情绪反应和身心表现，初始是用来惩罚做错事的先生，企图让他心疼。可是当日子继续往前推移，在张力疲劳的效应下，他会对我们的“悲苦”越来越麻木，甚至产生疲累厌烦的感觉。这时，遭到二度伤害的我们，在悲苦情绪已成惯性的笼罩下，就真成了人见人怕的祥林嫂了。

请记得，做错事的人是他，不是我。所以不需要用绕不出来的情绪惩罚自己，让自己因此而一蹶不振。

不要报复，别做出让自己将来后悔的事。

许多时候，锥心刺骨的疼痛像迷药一样，瘫痪了我们的理智，而被践踏摧毁的骄傲，则像毒蛇一般，啃噬了我们的心脏。遭遇背叛的人，尤其是女人，很容易在狂乱的情绪中，把飞身投入另一段感情，当作报复的武器或赢回颜面的工具。

确实，疗愈情伤最快速便捷的方法，就是用另一段新的感情来覆盖它。

但问题是，在愤怒混乱的心理情况下，我们可能会因为看不见内心真实的感受，而投入一段并不适合的关系之中；我们也有可能因为对感情的需求过于急切，而吓退了原本大有可为的候选人；我们或许还有可能因为内心的仇恨太烈，而做出飞蛾扑火的危险决定。总之，在我们被撕裂的伤口还没有稍稍复原之前，不论适或不适的感情关系，都有可能受到不纯正心理动机的损害，而给自己招致另一个使伤口扩大发炎的机会。

此外，一个人在报复心切、头脑不清时，是最脆弱和容易受骗的。

许多赔了夫人又折兵的爱情故事，往往就发生在这样的背景之中。

所以，不管是不是负气或报复，请你在决定开始一段新的感情之前，一定要再三思量。

不要担心，时间会慢慢抚平伤口。

如果你和我一样从事婚姻治疗工作，就会在许多案例中，发现女人是极其具有韧性，并且是能坚强地遗忘伤痛的勇敢斗士。

一开始，这个伤口犹渗着血水，触目惊心，稍一触碰就剧痛难当；慢慢地，它开始覆上黄褐色的结痂，不能掀开，一掀开又渗出血水，略略触碰仍然刺痛；后来，伤口上的结痂渐渐脱落，长出薄薄新鲜的皮肤，偶尔有隐隐的疼痛和刺痒，提醒曾经的伤害；最后，不知不觉中，伤口已完全复原，只剩下淡淡的疤痕，等着时间让它完全消失。

所以，不要怕，不要担心自己一辈子都走不出来，对自己宽松一点，让时间去抚平伤痛。

外遇后遗症

面对迷途知返的他，面对亟待修补的婚姻，我该怎么办？

首先，如果你已经做了重新接受他的决定，那么，请记得，这是你的决定，所以不要把修补的责任完全推到他的头上。

厘清这一点是非常重要的。因为如果我总认为自己是受害者，是被欺负的人，在心态上，我就会站在等待的高度，不断地需索和责怪，要求他一个人往我的方向走，而我自己却不愿意往前挪动一步。没错，这件事确实是他负我，可决定给他机会的是我自己，如果我们不试着也往他的方向迈步，不试着在平等的水平线上沟通，那这桩婚姻在过度倾斜的情况下，就难免陷入另一场危机之中。

其次，不要把这次的错误，变成古代既是肉体折磨，又是精神摧残的酷刑——黥刑，先以刀划破面部，然后在伤口处涂上墨炭，使他脸上留下洗不去的印记，永远不得翻身。

女人向来喜欢翻旧账，只要一不开心，就立刻新仇旧恨涌上心头，伶牙俐齿的几句话就噎得男人喘不过气来，让曾经犯错的他，永远活在为过去羞愧的阴影中。乍从像出轨这样几乎不可饶恕的错误迷途中返回的男人，在妻子新伤犹痛的情况下，一定会对老婆尖酸刻薄的语言忍气吞声，因为毕竟是他犯的错误，伤害也因他而起。

可是，随着日子往前推移，时过境迁了好一段时日之后，如果做老婆的还是隔三岔五地翻旧账、闹脾气，那么，此时犯错的男人就会兴起逆反心理，可能衍生出以下几种心理情况：

哼！反正在她面前我是永远也翻不了身了，那我干吗还这么老实地听她摆布！

唉！这辈子我算是完了！就这么郁闷着过日子吧！

真烦！看见她我就心烦，能晚点回家就晚点回家！

你不要再逼我，再逼我就别怪我动粗！

出轨后，他评估情势选择回来，你评估情势也选择让他回来，那么就不要做出再把他往家门外推的行为。要不然，还不如当初东窗事发时就一刀两断，何苦如此拖泥带水地折磨彼此，强化伤害？

再其次，不要杯弓蛇影。疑神疑鬼不仅会破坏好不容易才恢复的和谐关系，也让长期处于侦查状态的自己，身心俱疲。

发现丈夫对自己的不忠实之后，有好一段时间，我们一定会很难再像从前那样毫无保留地相信他。只要一听到手机铃声响，或看见他在房间的角落专心写短信，心脏就立刻纠结在一起，全身的血液往脑门冲，脑子里想象着电话的另一端是外遇的第三者，心里既气愤又酸楚难过得不得了。

曾经被“误信”伤害的我们，难免生活在草木皆兵的身心状态之中。但我们一定得设法说服自己，杯弓蛇影是一把刀锋锋利的双刃剑，我们一旦养成翻看他手机短信、查阅他通话记录、侵入他电脑聊天记录的习惯，这欲罢不能的提心吊胆，就会让一直处于备战状态的肾上腺素分泌量居高不下，让我们总是悬浮在空气中，心不踏实、飘飘忽忽地过日子。

我们的生理器官功能会因此而受到影响，心理情绪也自然会受到更大的影响。我们绝对会因此而忽略了需要关注的孩子、需要专心投入的工作、需要努力修补的感情，以及需要宝贝呵护的自己。

婚姻关系中，受害者综合征所带来的“杯弓蛇影情结”，是很难控制、也很难消除的心理障碍之一。它灭顶的威力极其巨大，姑且不论它对已然摇摇欲坠的婚姻所造成的伤害，对一直处在被害者妄想中的自己的伤害，更是无法估量。

所以，为了你自己，为了你决定继续下去的婚姻，每当你冲动地想查看他的手机、电脑、皮夹……时，请先深呼吸几下，找个能转移你注意力的事情去做，强迫自己把即将伸出去的心和手拉回。如此反复多次，你就能慢慢地控制住查看的冲动和频率，把自己从“杯弓蛇影情结”的坏习惯中拯救出来。

最后，面对伤害，我们当然不用刻意压抑情绪，一定要找到发泄情绪的合适方法，千万不要把它压在心里发酵成更大的爆发。

我通常会给被困在如此情境中的女性朋友们这样的建议：

清楚地和先生打好招呼，告诉他你需要时间来消化情绪和抚平伤口。请他在这段时间尽量理解、容忍，并配合你的需求，让你尽可能地得到情绪的释放和对此事件的释然。你告诉他，如果他不能让你最大限度地化解掉心里的疙瘩，那么，留在心里的疙瘩就会逐渐长大，发酵、化脓，最后变成不可收拾的脓疮。

找到除了他诚恳的忏悔和道歉之外，还有什么能帮助你尽快释放内心愤怒的方法。去学一堂需要和着音乐用力扭动肢体的拉丁热舞，一面用力地扭动，一面高声地唱；和几个好友到山上暴走几天，对着一望无际的山谷大声呼喊；参加极耗体力的体育项目，一面运动，一面呼喝。总之，用外在的力量帮助自己把淤塞在体内的怨气发泄出来。请注意，发泄愤怒时一定要伴随着声音，别自己在家憋着气捶枕头，那样会越憋越气。

（到KTV唱歌？这不是我喜欢推荐的方法。一来歌词内容容易触景伤情，二来空气不好心情更闷！流汗、呼喝、新鲜空气和肢体运动是比较有效和健康的泄愤方法。）

根据情况，给自己设定一个“泄洪时间表”。你既不能把愤怒和痛苦的洪水压在心里，也不能没完没了地让它潺潺地流。

我要求你订出时间表，并不是为了早日将他放生，而是尽快地为你自己放生，给自己一条活路。如果你不能为情绪的洪水打开闸门将它倾泻，只是让它从闸门的缝里慢慢地流出，那么这即将溃堤的洪水就成了你的隐患，要不总有一天一倾而下将你灭顶，要不就搅得你凄凄惶惶永无宁日。

试着去重新感受周遭的快乐和欢笑。假笑、勉强笑、跟着笑，哪怕你还没有感觉。他确实曾经出轨，可这并不表示生活就失去了颜色。你仍然有权利欢笑，仍然有权利享受生活。如果暂时不想，或不能和先生一起欢笑，那就找到可以陪你一起感受欢乐的朋友或亲人，重新把捕捉快乐的雷达打开，再次学会快乐和享受生活的能力。

当伤痛渐渐减缓，心口的伤痕也渐渐淡去，请重新检视你们的关系，寻回那最初爱恋时的感动。不要着急，不要求好心切，如果曾经的两情缱绻有10分，那么我们哪怕就从5分开始寻回，也将是个美好的重启。执子之手、与子偕老的日子有一生那么长，只要愿意，我们还有大把的日子可以重新来过！

当爱已成往事

爱情的不可捉摸之处，在于它来的时候，无声无息悄然而至，让人猝不及防；离去的时候，也无声无息悄然消逝，让人更猝不及防。并且，爱情关乎两个独立个人的感受和意愿，不完全受单方面的努力左右。因此，面对已然逝去的爱情，明知不可为而为之，是最痛苦而艰难的战役。

如果你不幸已身陷于这场艰困的战役之中，在决定褪去手上的婚戒之前，请先确认以下这几件事：

我是不是确实已做了所有的努力？

除此之外还有其他更好的选择吗？

离开的结果会不会比留下更好？

我以后会不会后悔做了这个决定？

我有能力应付这个决定所带来的结果吗？

当然，我刚才说过，爱情的恼人之处在于它牵涉到两个独立的个人，不是一个人可以说了就算。所以上面几个问题的答案，牵扯者众，绝不是非黑即白的单选题。不过，即便它们难以决断，但在两害相权取其轻的考量之下，仍然可以约略得出相对适切的结论。

如果在仔细考量各个选项的利弊得失之后，你们仍然决定从不愉快的婚姻中走开，那么，如何在已然造成伤害的情况下，做好损害控管，避免更进一步的身心折损，就是另一个需要用智慧来解决的问题。

其中，如何面对孩子，是最需要用高度成熟的情商去处理的课题。

请不要波及孩子

不计其数的研究调查都指向一个事实，身历父母离异家庭破碎的孩子，在日后的生活中会遇到若干的适应困难，并且苦于不同程度的情绪障碍。

不过，在这里，我想更进一步地阐述说明这个研究结果，那就是离婚这件事本身对孩子所造成的伤害，远远不及离婚的过程来得深远和强大。

对一个不论是年幼或稍稍年长的孩子来说，确知父母的亲爱，是获得安全感的重要来源，而目睹父母的恶言相向，则是小小的心灵里最恐惧害怕的阴暗。你能不能想象，当毫无抵御能力的孩子蜷缩在屋子的角落，看着爸爸愤怒地摔门而出，妈妈歇斯底里地呜呜哭泣，是多么让他害怕的景象？许多长时间经历父母如此离异过程的孩子，长大后，会因此自我封闭，极度不自信地害怕与人亲近，不敢付出或接受感情，甚至出现人际适应力的严重障碍。

此外，亲眼看见父母狂暴地对待彼此，甚至大打出手，会相当大程度地扭曲孩子对自我的评价，以为爸爸或妈妈的离开，是因为自己做错了事让大人失望所以才不要他的。这个错误的认知不仅对他的人格型塑造成一定的负面影响，也有可能让他产生反社会行为的偏差心理。

所以，如果这段婚姻真的已确知无法挽回，那么就请用比较成熟明快的态度去了结它，不要拖泥带水，伤及池鱼，在拉拉扯扯中把伤口撕裂得更大更深。

请不要把孩子当作武器

在狂乱的情绪中，为了更精准地刺中敌人的要害，我们有可能把对方最珍视的东西拿来当作武器，伤害他所珍视的东西，就等于伤害了他。我们因此常常看见一对狂乱争吵中的爱侣，把对方心爱的东西砸在地上摔个粉碎；当然也可能看见狂乱争吵中的夫妻，把打孩子当作伤害对方的武器，让对方因此而心痛不已。

早年我还在医院工作时，就曾经治疗过一个患有重度幽闭恐惧症的患者。这位患者的病情严重到甚至无法待在小于 20 平方米的空间之内。她的恐惧症病因来源于童年时，发现父亲背叛而狂怒中的妈妈，常常在痛打她一顿之后，把她一个人反锁在家里，借此来惩罚有外遇的爸爸，好让他回家之后心痛如绞地看见宝贝女儿一个人受伤恐惧的样子。

这位因丈夫的外遇而失去理智情绪狂乱的母亲，当然也深爱自己的孩子，只是在仿若溺水的挣扎中，不自知地把孩子当作求生的唯一浮木，用伤害她来为自己换取呼吸的机会，也用伤害她来为自己争得被蹬入大海后的反扑能量。

我花了很长一段时间才重建了这位患者对幽闭空间的适应力，但我心里非常明白，她内心深处的那一道伤口，却是一辈子也缝合不了的裂痕！

请不要试图和孩子结党为盟

打击敌人最好的方法之一，就是孤立他，并且强大自己的盟友阵容。在婚姻的战争中，拉孩子结盟，是一心报复的母亲们有可能使用的最快速和廉价的做法，却也是剥夺无辜孩子权利的不可取做法。

婚姻破裂，会强迫男人和女人都踏出原本熟悉安适的舒适圈。女人面对这种舒适圈的崩解，不安全感通常会比男人来得强烈，所以，拉着亲密的孩子结盟，一方面能做伴壮胆，另一方面则又能强大作战武装的火力。

通常，孩子和妈妈的感情会比和爸爸的亲密一些，和妈妈在一起的时间也比和爸爸在一起的时间多，所以会倾向于相信妈妈对爸爸攻击性的说辞。尤其是如果常常看见妈妈独自一人伤心地暗自垂泪，就更会加深他对妈妈的同情和保护，也加深他对爸爸的愤怒和疏离。

如果一个孩子在这种心理环境下成长，他所被剥夺的，其一是角色认同的机会。男孩需要认同父亲，学习作为男人的角色，女孩也需要认同父亲，学习承担和勇气。其二是被保护的需求。孩子在成长过程中，父亲的肌肉和力量、母亲的温柔和呵护，都是孩子借以成长茁壮的心灵养分，缺一不可。

其三是对亲情完整的安全感需求。请留意，我所使用的词汇是亲情的完整，而不是家庭的完整。也就是说，如果家庭的完整真的势不可为，那么亲情的完整，则是我们在亏欠了孩子完整的家庭之后，最起码必须提供的责任和义务，同时，也是孩子最起码应有和应得的权利。

请试着两人一起和孩子说明事实

我们可能在外国的电影里常看到这一幕场景：一对即将离婚或分居的父母，冷静诚恳地对已略微懂事的孩子说明事实，告诉他，父母分开不是他的错，并且保证对他的爱永远不变。

孩子虽然小，但是却有着比大人更敏感、敏锐的情绪触觉。他们对于空气中发生的情绪氛围变化，捕捉得很快，而且还会很快地在尚不明事理的幼小心灵和脑子里，得出一知半解的结论。所以，与其让孩子在担惊受怕的情绪阴影里揣测不安，甚至得出伤害自己的结论，还不如心平气和地告诉他爸妈不会再生活在一起的事实，并且让他安心地知道，他仍然拥有如此爱他的爸爸和妈妈，以及分别和爸爸妈妈生活相处的机会。

请尽可能地减小对孩子生活环境的变动

父母离婚后，势必对孩子原本的生活秩序造成影响。如果情况许可，请尽量减小对他已经习惯了的周遭生活环境的变动。

面对每天放学回家、家里少了一个人的事实，孩子已经需要花时间去适应和调适，如果此时，他还需要去适应新学校、新同学、新玩伴，对年龄尚小的孩子来说，是另一个情绪困难的来源；而对年龄较大的高年级孩子来说，也可能是今后自我封闭的开始。

总之，请你一定记住这个原则：父母离异固然让孩子伤心，但是它对孩子的伤害，远不及一个狂乱的、粗暴的、不负责任的离婚过程来得大！

婚变之后，我该怎么办？

婚变后疗伤期的长短，视离婚过程的破坏性程度，以及导致离婚的真正原因而定。不过，即使这段婚姻已食之如同鸡肋，但果真破裂，却仍然不免带来弃之可惜的伤痛和遗憾。

对于婚变后的伤痛管理，我的建议是：

尽快建立一套新的生活秩序

这是在心理治疗诸多学派中，行为治疗学派所推崇的方法，我自己觉得在辅导为离婚所苦的个案上，颇为有效。行为治疗的大政精神原则，就是我不管你先前的行为是什么，也不深究是什么原因造成了你的旧有行为，反正我就是训练你习惯于一套新的行为模式，让你在新的行为模式中渐渐忘记了旧的行为，并进而建立新的、更健康的思维方式。

生活遭逢巨变的人，不管是离婚、丧偶，或失亲，最难过的关卡之一，是睹物思人；而离婚后所面临的最难突破的心理障碍之一，则是生活中已习惯于他的存在。所以，为了比较快速地从婚变的阴影中走出来，一旦你已经从离婚的焦躁抑郁情绪中稍稍回稳，就要尽快打起精神，给自己重新建立一个不包含他在内的生活秩序，让新的生活内容覆盖旧的记忆，而不是硬生生地把旧的习惯给抹掉。

如果你自己很难一个人做好这件事，可以请“性格开朗”的闺蜜或姐妹们帮忙。请记得，你一定要找性格开朗、积极乐观的闺蜜帮忙，千万别找个愤世嫉俗的苦涩女人，因为你这个时候最不需要的，就是和另一个苦命的女人一起坐在那里舔舐伤口。

建立新的生活秩序包含了日常生活和工作作息，以及闲暇时光的休闲安排。如果你的经济预算并不如此宽裕，可万万别养成购物疗伤的习惯，要不然，婚变的伤口还没痊愈，又得费脑筋去应付财物的问题了！（我特别在此提醒的原因，是因为许多女子在认清了婚姻的“虚假”之后，会转而兴起“浮生若梦”的喟叹，在反正是过一天算一天的心理驱使之下，变成有购物瘾的受害者！）

你还年轻，不要害怕寂寞，不要急于扑身投入另一段感情，让自己再次受到伤害

离开有人陪伴的舒适圈之后，不管是出于报复或出于恐惧寂寞，有些女子很容易有寻找另一段感情来填补这突然空白的倾向。当然，疗愈情伤最好的方法是用另一段感情来抚平它，但也就是因为如此，我们在面对新的感情时，一不留神，就会走入自己构建的死胡同里，反而折损了有可能修成正果的美好情缘。

我们有可能因为害怕再次受到伤害而变得像刺猬一般的全副武装，有可能因为害怕再次寂寞而变得非常黏人，也有可能因为急于求成而变得过于热切。总之，当我们不是用平和安静的心情去谈恋爱时，恋爱的

另一方就一定会感受到我们的窘迫和焦虑，那么这样的爱情就失去了它该有的甜美和浓郁，自然走着走着就无以为继了。

我没有办法告诉你一个何时可以迎接新恋情的精确时间表，但我可以给你一个可以当作参考参数的坐标。从忘却婚变情伤的角度来说，12 个月到 18 个月，是个被大家认可的时间范围；而从心理特征的角度来说，当你可以“正常”地看着好朋友夫妇间的亲昵举动而不回家抱着枕头痛哭时，就表示你可以昂首迎接下一段恋情了！

找到另一个足以安慰自己的可怜虫来当垫背的

我知道这句不着调的话听起来很没有人品，不过，关起门来悄悄地说，它真的很管用！

“比上不足，比下有余”的阿 Q 心理，是中外皆然的自我合理化防卫机制，它可以说服我们接受不合理的遭遇，并且美化情绪的失落和挫败。在这段疗伤期间，你可以多看看报道影星秘闻的八卦杂志，搜寻一下哪些光鲜亮丽的女明星也遇到了婚变。当你读着这些美丽有名的女明星们的爱情沧桑，就会发现自己的痛苦已渐渐地略为释怀，因为“人家都这么美、这么有钱有名了，还会遇到这种破事，唉！爱情真是不可靠啊”。当你看见有人比自己更惨、更倒霉之后，伤口就在“幸灾乐祸”的心理药膏敷抹之下，显得不那么肿痛了！

（对不起啊！美丽的女明星们，作为让人羡慕的公众人物的义务之一，就是要帮助崇拜你的粉丝们疗伤止痛。）

别忘了“女为悦己容”，而不仅仅只是“为悦己者容”

如果婚变的理由是先生的背叛，那么这种足以灭顶的羞辱，很有可能就成为灭顶的绝望和放弃。有些失婚的女人因此失去了对自己的喜爱，不再打扮，不再留心，不再以为自己还有享受生活和快乐的权利。

我在从事婚姻治疗工作期间，见过许多离婚后突然变得很胖、很邋遢的女人，她们把婚姻的失败当成对自己的否定，因此不觉得自己还有美丽的必要性或可能性。我当然可以完全理解这种被羞辱击溃后的挫败和心如死灰，但我总是试着帮助这些女性了解，失去婚姻并不意味着失去自己。

是的，我们是在这段婚姻的战役中败下阵来，也确实被它痛击得体无完肤，甚至在婚变的过程中，被羞辱得一无是处。但是，如果我们愿意在这次失败的战役之后，拱手把自己的幸福权利交在那并不值得的人的手里，让他在即便转身离去之后，仍然能用一条看不见的巨大铁链，紧紧地掐住我们的脖子，那我们真的就是不尊敬自己，也不值得别人的尊敬了！

因此，请从深陷的沙发上站起来，拉开窗帘，让阳光遍洒室内，正视镜中的自己，在总结经验、吸取教训之后，奋起，继续往下一个更美好的目标，大步迈进！

抄录一则流传已久、有关爱情与婚姻的故事，与美好的你，一同分享先哲字字珠玑的智慧。

有一天，柏拉图问他的老师什么是爱情。他的老师让他先到麦田里，摘一棵全麦田里最大、最金黄的麦穗。规则是其间只能摘一次，并且只可以向前走，不能回头。柏拉图于是进入麦田，照着老师的话做。结果，他两手空空地走出麦田。

老师问他为什么没有摘到麦穗？

柏拉图说："因为只能摘一次，又不能走回头路，其间虽然见到了一棵又大又金黄的麦穗，但是因为不知道前面是否还有更好的，所以就没有摘它；可是没有想到，走到前面时，又发觉总不及之前见到的好，原来麦田里最大、最金黄的麦穗，早就已经错过了。所以，我便什么也没摘到就出来了。"

老师说："这就是爱情。"

又有一天，柏拉图问他的老师什么是婚姻。他的老师就让他先到树林里，砍下一棵全树林里最大、最茂盛、最适合放在家里作为圣诞树的树。原则和前次相同，只能砍伐一次，以及只可以向前走，不能回头。柏拉图于是走进森林，照着老师的话去做。这次，他带了一棵普普通通，不是很茂盛，可也不算太差的树回来。

老师问他，怎么这次带着这棵普普通通的树就回来了呢？

柏拉图说："有了上次的经验，这次当我走了多半的路程之后，发现自己还两手空空时，看到了这棵也不算太差的树，我怕之后的树会越来越小，便把它砍了下来，免得又错过了，最后什么也带不出来。"

老师说："这就是婚姻。"

PART 03

关于孩子

宝宝绝对不是婚姻的第三者

他是爱情的催化剂

是让婚姻能更平顺进行的润滑油

“我不想要孩子。”面对着婆婆惊讶得接受不了的表情，和老公在旁边焦急得挤眉弄眼的样子，又重复了一遍，“我不想要孩子。我们自己都不见得能活好，生个孩子不是害人害己……”

“啪！”老太太站起来摔了筷子，转身回房，临了狠狠瞪了眼儿子，嘴里嘀咕着：“就说别娶读那么多书的女人，书读那么多，到头来就讲歪理，害我家断后！”

婆婆这次远道而来的任务，就是为了实地勘察两个孩子为什么结婚两年还听不到“动静”，这回勘察到原因了，原来不是“天灾”，而是“人祸”。其实，之前我也没打算这么直晃晃地把话撂出来。婆婆一下通知说要来家视察，夫妻两人就知道老人家心里的想法，于是排演了各种应对策略，千方百计想糊弄过去；但是婆婆来了后，应对了没两天，我就憋不住了，我觉得生不生孩子是自己的权利和自由，再说这么瞒着也没个头，不如把话挑明了，大家再消除矛盾，长猜忌不如短难受。老公了解我的想法，所以当那一句“我不想要孩子”掀翻了和谐饭桌，把婆婆气回到床上后，老公什么也没说，过来拍拍我的肩膀，就进屋安慰妈妈去了。

我坐在客厅里看电视，除了对老公有些歉意有些感激以外，心里没什么波澜。我一直是个理智平和的人，知道自己要什么，不要什么，做事之前对结果也想得很清楚。有时候看起来行为突然，但绝不是因为情绪冲动，老公常说我是恒温体制，情绪是永远的37℃半。30岁披上嫁衣的时候，我也是这样没有娇羞，没有诺言，在婚床上谈的第一件事，就是短期内绝不要孩子：“我觉得我没有要孩子的资格和能力。咱们这个城市里好多人其实都没有孩子，我们把我们自己都养得颠沛流离的，自己的人生都没法做选择，又怎么替另外一个生命做选择呢？”老公听了哈哈大笑说：“我真服了你，洞房花烛你还要跟我谈人生，还要上课。”

“你不爱听啊？”

“不爱听我娶你干什么？我喜欢你有自己的想法。”

其实老公心里是想要孩子的，只是不说，家里打电话来催的时候，也尽量自己去周旋，从来不给我压力。有时候他也会说：“要不咱们别想那么多，试一试？”被严词拒绝后，就嘿嘿笑笑作罢了。我喜欢丈夫总是微笑的表情，那代表着爱和宽容，让我信任和放松。

这天晚上，老公在婆婆的房间里待得尤其晚，直到我上床睡觉才回来。回来后，就一头扎进我怀里撒起娇来，嘴里说着：“老婆我想亲热。”

我想他一定是身心俱疲，又需要安慰，所以就格外温柔地一切都顺着他。

婆婆回去后一个多月，有一天早起，我忽然泛起恶心来，本来以为是肠胃出了毛病，谁知道之后恶心接二连三，一算时间，例假也没按时到岗，我这才紧张起来。买了试孕棒一查，两道杠，还不敢相信，又到医院去查。

“已经一个多月了，注意保护身体，别担心妊娠反应，妊娠反应越剧烈，流产的危险越轻。”医生看着我苍白的脸色说。

“医生，会不会是误诊啊，我安全措施一直做得很好，不应该出问题啊。”我不甘心地问。

“孩子这事，是你的注定跑不了，要是不想要就赶快决定，现在处理还来得及。”

从医院出来往家走，街上有很多母亲带着自己的孩子，有的笑，有的骂，生机勃勃的，很是充实。以前看见这些景象，我会觉得置身事外，也觉得这一切在城市浑浊的空气和巨大的压力下，繁荣得非常脆弱和虚假。但是现在，自己的身上也有了新的生命，一切都不再那么笃定和清醒，我的脑子一团乱。

回到家，老公已经坐在沙发上看电视了，转回头对我说：“你回来了？怎么脸色不好？”笑容还是那个笑容，但我总觉得有些奇怪。不知怎么的，我忽然就联想到和婆婆吵架那天，老公回房时的笑容，又想起老公和婆婆在房中的安静的那几个小时。虽然不愿怀疑，但我还是止不住地往心头泛起疑虑来。

“我怀孕了，”我直截了当地说，一边注意着他的表情，“我问了医生，说现在打掉还来得及！”

“别啊！”他果然马上急了，听到我怀孕，还有一丝想忍没忍住的笑容在嘴角，这会立时转成了焦急万分的神态，跑过来拉住我的手说，“不行，既然怀上了，就不能打掉。”

“为什么不能，我不是说过了，我不想去替一个生命做决定吗？”看着他的表情，我更笃定了心里的假设，他一定在避孕的时候做了手脚。

“那你就有权利扼杀已经存在的生命？他已经在你肚子里了啊！”老

公急得开始拿其人之道还治其人之身了。

“又不是我想怀上的，是你骗我怀上的！这么大的事，你这么做是不是太过分？”我吼起来。

“如果不骗你，你永远都不想要孩子，因为你根本是拿大道理当借口，你就是害怕未知！”他声音一大，我倒哑了。

孩子最终没打掉。名正言顺，年龄合适，只是为了些虚空的道理就扼杀生命，这种事我确实做不出来，老公正是了解我这一点，才钻了空子。

我开始害喜，呕吐，他跟前跟后地伺候着，赔着笑脸，而那个笑脸，我每次看了心里都翻涌起委屈来。但是慢慢的，我开始对肚子里的小生命产生感情了，比如看书上写“害喜不是不健康，而是肚子里的孩子在提醒妈妈，要照看好他”，我的心里就涌起无限温柔，这感觉真奇妙，这时候再想起老公说的“有时候骗你那是为你好”，就变得将信将疑。理智上，虽然还是觉得自己被强迫了，受伤害了，不能原谅他；但是感情却从怨愤慢慢转移到了期盼上。

在这种摇摆中，我忐忑不安地迎来了临产日。说实话，我还没有准备好接受这个巨大的改变，我对这个突然而至的未来充满了怀疑。我会爱我的孩子吗？我还能信任我的老公吗？这个家还能继续幸福吗？……

我固定参与的少儿节目——《宝贝一家亲》中曾经讨论过这么一个话题：“宝宝是不是第三者？”

我相信这个话题之所以能成为一集节目的主题，一定具有某种高度的共性，是年轻女孩心里隐隐的担忧。所以，我在录制那期节目时，并没有以不可思议的批判态度去声讨有这些疑虑的妈妈们，而是试着去理解她们的担心，慢慢地帮助她们化解疑虑，并且接受这个奇妙的赠与。

其实，我从来都相信一件事，那就是不管你是个多么不喜欢孩子的人，男人和女人都一样，只要你见到一个襁褓中的婴儿，看见他睡得香甜如天使一般的小脸蛋和小胖手小胖脚时，你所有的负面情绪和曾经的抵触，都会在刹那间消失，都会由一股你自己都不知道打哪儿来的温柔情愫所取代。而那种温柔的情愫，就是我们成为好爸爸、好妈妈的原始能力。

宝宝不是第三者

宝宝绝对不是婚姻的第三者，他是爱情的催化剂，是让婚姻能更平顺进行的润滑油。

任何结了婚、有一定婚龄的人都会同意，婚姻绝不是和幻想一般，时时刻刻都是那样的甜美润滑。当一对爱恋着彼此的男人女人结婚之后，“踏实了”是有情人终成眷属最明显的心理转变。在这种情绪里共同生活的男人女人，心里一旦踏实了，自然就放松了，一旦放松了，就自然不拘小节了。所以日常生活中就不太会再刻意地找话说，或刻意地制造浪漫，当柴米油盐酱醋茶成为生活的主要内容之后，婚姻很容易就会流于平淡和乏善可陈。

如果这个时候两人开始期待一个小小生命的诞生，在看似漫长辛苦的怀孕过程中，随着小生命的成长进程，准爸爸妈妈一同分享了许多让两人一起怦然心动的喜悦时刻：感受宝宝在妈妈肚子里拳打脚踢时的惊喜，听见宝宝强壮心跳声时的骄傲，看见B超中宝宝小小模样时的感动……这些让我们悸动而泫然欲泣的吉光片羽，是让爱情更加牢固的化学元素，也是让两人更深刻地体认“我们是一家人”的美好事证。

而当宝宝终于离开妈妈的肚子，哇哇哭着躺在爸妈的怀里之后，他的第一抹微笑、第一颗乳牙、第一声牙牙学语、第一个东倒西歪的步伐、第一天忐忑不安地上学……件件都是牵动爸妈喜怒哀乐的丝线，也是维系爸妈亲密情愫的绳索。有了孩子之后，你不会像从前那样洒脱地随口说出“我们离婚”，也不会在外面放心地玩到三更半夜，你会在看似受到约束的平凡日子里，体会踏实生活的美好况味，也会在看似被剥夺的付出中，享受更丰满富足的情感馈赠。

所以，宝宝绝对不是婚姻的第三者！

此外，宝宝的到来，也是催促爸妈长大成熟的营养剂。

写这本书时，我的外甥女的女儿乐乐刚满一周岁。从她出生之后，每次我到外甥女家探望乐乐，都惊讶于刚满 30 岁的外甥女和外甥女婿的转变。从小，我这外甥女就是个丢三落四的粗心女孩，每次挨骂的缘由都和她不知落到哪儿了的外套、手表，甚至书包有关。可是当他们有了宝宝之后，我看见的，却是她照顾乐乐无微不至的仔细周到，以及外甥女婿每天晚上下班后，洗衣服、消毒奶瓶的认真尽责。

我曾经在乐乐爸爸消毒奶瓶时偷偷地问他：“累不累？后悔吗？”

乐乐爸爸从厚厚的眼镜片里望着我：“累当然是有点累，但怎么会后悔呢？！她多可爱，她是我女儿啊！”

是的。这就是宝宝的另一个“功能”。除了创造更丰富的话题，让爸爸妈妈有更多愉快的谈资之外，还能训练曾经也是个孩子的爸爸妈妈快速长大。

请走严厉的判官

有了宝宝之后，身兼数职的年轻双生涯（家庭生涯以及职业生涯）妈妈们，在忙碌的工作之余还要顾及孩子的身心需求，确实是件很辛苦的事。有很多妈妈因此得了轻微的忧郁症，不仅奔波劳累身心俱疲，又总觉得给孩子的时间太少，亏欠了孩子，如果再遇上孩子有些健康或情绪的问题，就更加自责。我自己在面对双生涯妇女的时间和体力压力时，有一套哲学，那就是“如果这件工作旁人可以代劳，那我就绝对不逞能抢着去做；可是如果这件工作旁人无法代劳，那么无论如何我都要用全副的精力去做好它”。

在我的时间和精力分配哲学中，打扫卫生、做饭、洗衣服等等，是可以花钱请人代劳的工作，我不会占用我太多的时间和体力去做它。在旁人替我做这些工作时，我会利用腾出来的时间和精力去发挥我的专业工作能力，赚更多的钱，获得更多的职业成就，也让自己更快乐。

可是，陪孩子玩、给孩子说故事、和先生安静地躺着聊天等等，是旁人无法代劳的事，所以我会专心一致地去做好它、享受这些过程。我不会一面打扫卫生、一面敷衍地回答孩子的问题；或一面做饭、一面吆喝先生摆好碗筷、还一面不耐烦地聆听他工作上所遇到的困难。

我知道你读到这段文字时的第一个感觉，一定是："金老师，那我也得有能力请人来家里做这些事啊！"是的、是的，我自己也不是年轻时就有财力请全职的人来家里帮忙。可是，我会要求自己完全空出周末的时间，不做任何家务，只和先生、儿子一起享受周末轻松愉快的闲暇。我绝对舍不得让打扫等家务占用我们好不容易可以喘口气的业余时光，不允许自己好不容易放假，却在忙碌得满头大汗的情绪里，看着孩子盯着游戏机、先生盯着电脑，而委屈得怒火冲天。

我的做法是，每周 2 ~ 3 个晚上请小时工到家里来打扫，请小时工的钱则从乱买东西、动不动就坐出租车的钱里省出来。我们在平日里吃得清淡简单，周末则是全家人大快朵颐的欢乐享宴。这些都无关乎花更多的钱，只关乎更用心去做合理的分配，以及更用心去获得更多的快乐。

我的另一个分配家事的工作哲学是："如果做这件事能让我有成就感，或帮助我更开心，那么我就会亲自去做。"

例如，我很喜欢洗碗。我喜欢看见一大堆碗盘洗干净后，晶晶亮亮飘着清香的感觉，那让我很有成就感，也让我在洗碗盘的过程中，把脑子完全放空，什么也不想。不瞒你说，以前我们在天津开发区还有化妆品工厂时，在办公室里工作了一段时间后，我最喜欢到洗瓶子的车间去洗玻璃瓶子，我站在洗瓶车间的大水槽旁，拿着小刷子和工人一起洗刷，让冰凉的水在指尖流过，看着晶亮的玻璃瓶码放整齐送进消毒柜消毒。这整个过程让我非常放松，清洁玻璃瓶的凉水，仿佛也把我装满糨糊、亟待清理的脑子也一并清洁干净了。

现在我仍然维持着这个"爱好"，尤其是用了含有精油、完全环保的

“美生贝乐”之后，我更是喜欢吃完饭后洗碗，也更享受它晶亮飘着香气的感觉。初始，在家里帮忙的阿姨还不太理解，以为我嫌她洗碗不够干净，在了解了我的“情绪治疗”诉求之后，现在她也就乐见其成了！

你当然不需要和我一样，一定得找个家事来当作嗜好，不过我建议你这么看待问题：如果你必须亲自做家事，那就试着找到理由，在做家事的过程中去享受它。

所以，请把总是蹲在肩上严苛审判自己的判官赶走，合理地分配时间、体力以及金钱。不要试图做个完美的妈妈，要求自己事事周全、面面俱到。请相信我，对孩子来说，如果要他在 24 小时和心不在焉、精疲力竭的妈妈形影不离，或每天只有几个小时，但心情放松、全神贯注在他身上的妈妈之间做个选择，他一定会更乐意和那个快乐而有趣的妈妈在一起，而且从身心健康的妈妈身上得到更好的照顾。

做孩子健康积极情绪的启蒙老师

常常有妈妈问我“胎教”是不是确有其事？我的回答也总是坚决而肯定的。胎儿在妈妈的肚子里，能听见的声音都来自妈妈：妈妈说话的声音，心脏的跳动声，气管里呼噜呼噜的呼吸声，血液流动声，以及吞咽口水的声音等等（当然还有爸爸那充满爱意、傻里傻气的呼唤声）。如果胎儿在妈妈肚子里透过羊水听见的都是和缓、轻盈、愉悦的声音，那么他出生后，就会有个健康开朗的好情绪器质。反之亦然。

当小宝贝终于从妈妈的肚子里挣扎来到这个世界之后，他最熟悉的气味和声音自然是妈妈，而他对情绪的种种敏感反应也源自妈妈。我们以为小婴儿不懂得感受，其实不然，他完全懂得，只是不会表达。例如，当我们给孩子喂奶时，不管是母乳喂养还是奶瓶喂养，宝宝的小脸蛋贴着妈妈的胸膛，一面吸奶，一面听着妈妈的心跳、呼吸、血液流动声。这是他最熟悉的声音和气味，所以他有安全感地吸着，并沉沉地睡着。

可如果我们在喂奶时，心里还在为刚才的不愉快生着气，我们的心脏怦怦地跳着，呼吸嘶嘶急促地响着，血液哗哗地流着，身体还释放着高亢肾上腺素的气味。此时小宝宝贴着我们的胸膛，小小的耳朵捕捉了所有的声音和情绪，他发觉不一样了，知道妈妈生气了，他很害怕，很没有安全感，所以紧张得他不能再好好地消化乳汁，也不愿安静地躺在怀里继续听着让他害怕的声音。于是，他扭动不安地哇哇大哭。

小小婴儿逐渐长大了，开始了探索的旅程。他用口腔、用小小的手、用小小的脚去碰触世界，也学会用眼睛去察言观色。他对妈妈情绪的捕捉已不再限于气味和声音，他喜欢妈妈温柔的笑脸，害怕妈妈严峻的眼神，他知道妈妈高兴了，也知道妈妈生气了。他通过妈妈的脸部表情、肌肉收缩、声音气味，来辨识妈妈的情绪，并且对这些情绪做出反应。

当宝宝懂得运用自己的情绪时，为了讨好妈妈，为了得到妈妈的赞美，于是努力地学习妈妈的一切：妈妈走路的样子，妈妈说话的样子，妈妈的微笑，妈妈的生气。总之，妈妈的一切一切。

我不知道这么一大段文字，能不能帮助你了解一个事实。妈妈，是的，就是妈妈——不是爸爸，不是奶奶，也不是姥姥——是孩子最初情绪的启蒙老师。他透过我们来探索世界，也学习我们去表达情绪。所以，如果我们希望孩子有个健康积极的情绪智商，就请我们在面对孩子行使任何情绪之前，三思！

对事不对人的管教原则

这个处罚原则是我在各种讲述亲子教育的场合，总是要再三叮咛年轻爸爸妈妈的。

首先，请你先感受以下这两句管教的话有什么不同：

“妈妈最爱宝宝了，可是妈妈不喜欢宝宝做的这件事！”

“你再这样，我就不喜欢你了！”

第二句是我常在商场里、马路边、朋友间听到的话。

我曾经在百货商场的电梯门前看见一幕这样的场景：一个恼羞成怒、气急败坏的妈妈站在电梯里，对着还站在电梯门外、哭得声嘶力竭、脸色苍白的3岁左右大的儿子说：“你再哭！再哭我就不要你了，我自己回家，把你留在这里！”

说这话时，这位难过挫折的妈妈说得心碎，那位害怕极了的儿子听得心碎，而站在一边旁观的我，看得也是心碎！

我当然明白一个身兼数职的妈妈（即便是没有外出工作的全职妈妈，也一样是扮演了多重角色的现代女人），在面对孩子无理地哭闹不休或做出不可理喻行为时的无力感和挫折。这种挫折糅合了既担忧孩子不服管教、将来会不成才的焦虑，又觉得自己不懂得教养孩子而挫败自责的复杂情绪。所以当孩子出现了这些所谓的“反社会”行为时，溃堤的情绪就淹没了理智，让我们口不择言地说出伤害孩子也伤害自己的话。

早年我在医院从事儿童行为治疗时，其中一项工作的重点，就是帮助那些行为异常孩子的爸爸妈妈们学会如何处理自己的情绪。因为一方面，是否能成功地矫正孩子的行为，取决于父母在家是否能情绪稳定地配合我们的工作；另一方面，我们也真的担心，这些强烈的挫败情绪会让年轻的父母们为之崩溃！

因此，我给家有小小孩的爸爸妈妈们以下的建议：

孩子每一个无理的行为表现背后，都有一个求救的原因。

很多时候，即使是已长大成熟的成年人都不太懂得如何表达自己内在的需求，更何况是年龄尚小的孩子。

小小孩在长大、在社会化的过程中，常常会从不经意的经验中学会某些“伎俩”。例如，妈妈在隔壁的厨房做饭，小妹妹一个人乖乖地在客厅里玩洋娃娃。几分钟之后，妈妈从厨房探头出来看看妹妹是否安好，发现妹妹还是乖乖地坐在地上玩洋娃娃，妈妈于是放心地继续回到厨房里忙活，过一阵子再探头出来确认妹妹无恙。如果此时妹妹继续乖乖地、安静地玩娃娃，那么妈妈探头出来的间隔就会拉长一些。

可是如果妹妹玩着、玩着一不小心打翻了箱子，哐啷一声把妈妈从厨房里吓得往客厅跑，这时妹妹的小小心眼就学会了一个伎俩：“哦！原来我只要打翻箱子，妈妈就会来陪我玩。那我以后只要打翻箱子就可以看见妈妈了！”妹妹于是学会了大声地打翻箱子，以寻求妈妈的注意力！

这就是孩子学习过程中的一个部分——从结果总结经验并形成行为。所以，如果以后妹妹打翻箱子，妈妈留意的是妹妹希望妈妈多陪伴自己的撒娇，而不是看见她打翻箱子的调皮捣蛋，那么妈妈的感受、注意力和情绪就会大大地不同，就会比较理性地解决问题，而不是烦躁地对付这个烦人的小捣蛋。

我们再继续往下看这两个结果有什么不同：

A 妈妈生气妹妹不听话，把刚收拾好的玩具箱子又打翻了一地。于是疲倦的妈妈板着脸对妹妹说："你怎么这么不乖呢！再这样妈妈就不喜欢你了，等爸爸回来告诉爸爸！"

B 妈妈明白妹妹需要陪伴，所以暂时把手边的工作放下，花几分钟时间，亲热地把妹妹搂在怀里，亲亲她，陪她玩一会儿，之后再回到厨房工作。

这两种处理方式的结果是什么？我相信你一定有了答案。

方式 A 妹妹在妈妈的坏情绪里感受到了拒绝，在没有安全感的恐惧驱使下，更害怕看不见妈妈，于是更强化了打翻箱子的行为模式，也变得更黏人、更爱哭。

方式 B 妹妹的情感需求得到了满足，打翻箱子的诱因随之减弱，在拥有充分安全感的心理氛围里学会独处。

所以以后遇到孩子不听话时，不要急着发脾气，不要挫折，深呼吸，让自己先稳定下来，想着宝贝的行为不是恶意的捣乱，而是在祈求什么。这时你的心就会柔软下来，就会用无尽包容的母爱去理解和满足他的情绪需求。

紧紧地抱着他。

孩子哭闹不休时，最好、最有疗效的镇定方法，就是专心、用爱、紧紧地抱着他。这是我们在儿童心理治疗中心教导父母应付自闭症儿童哭闹时的方法，很有效。

对于还没有学会用语言清楚地表达自己情绪的孩子来说，哭闹是他们唯一可以熟练使用的工具。孩子的哭闹通常意味着害怕、疲倦、没有安全感、身体不舒服以及某些需求没有得到满足。这个时候责骂他完全于事无补，因为他正在发泄情绪的当口，感情上也确实有哭闹的需要，此时大人的斥责和制止只会激化事端，导致哭闹的理由和需求更加严重，最后弄得两败俱伤。

所以下次再遇到孩子不可理喻的哭闹时（记得，只是我们大人认为他不可理喻，他自有哭闹的正当理由），专心地搂着他，紧紧地抱着、轻轻地拍着他的背，心里和嘴里不断温柔地说：妈妈爱你、妈妈爱你、妈妈最爱宝贝了……试试看，神奇的事情会接着发生，当他情绪的安全感得到满足之后，表达需求的欲望会逐渐减弱，哭闹自然也会跟着减弱。

不过请你一定要记得，我要求的拥抱是“专心的”“满怀的”以及“来自内心的珍爱”。不是那种忍着怒火、用力地搂着他、再狠狠地或慌乱地说“妈妈爱你”的无效拥抱。

千万别说伤害他的话。

“我不喜欢你了”“我不爱你了”“我最讨厌你了”“把你丢出去”“把你关在厕所里”——这真的是我最害怕听到的亲子对话，可却偏偏是我最容易听到的话！

作为大人，我们在和孩子的人际互动中当然是扮演着强大、主控、给予以及权威者的角色。孩子在依靠和仰望我们的年岁中，他的情感发展、心灵敏感度、心智成熟度以及对自己的认知，每一项都和为人父母的我们对他所说的话、所做的肢体动作、所有的行为表达有关。在他纤细的、极其脆弱的、还没发育成熟的小小心灵里，他完全无法理解我们话语背后的含义，也完全无法测知每一个动作背后的苦心。他只能够毫无选择、毫无辨别能力，也毫无抵抗能力地接收所听见的话、所看见的脸部表情以及所感受到的情绪。而这些直截了当的讯号，将会埋藏在他的心灵深处，终其一生地影响他对自己的评价。

所以，对于这么一个完全信任仰望我们、丝毫没有抵抗能力的小小人儿，我们怎么狠得下心随口说出伤害他的话语，或者随意做出伤害他的行为呢？

我因此请求，如果我们把一个纯洁美好的小小生命带到这个世界，就请我们尽力做好守护天使的角色，在每次将要发怒、将要脱口而出的当下，把怒气收回、把恶言吞下，学会做个健康成熟、懂得疏解情绪的大人，不要把毫无反抗能力的孩子当作廉价而随意使用的出气筒。

说到出气筒，许多父母会把打骂孩子来当作折磨配偶的工具或武器。这些利用是潜意识里的行为，在正常理智的情况下，绝对没有哪一个父母会利用伤害孩子来打赢战争。但是在情绪狂乱时，尤其是情绪狂乱中的女人，就容易有伤害自己的心肝宝贝，来让自己心痛、让所爱的人心痛的非正常举动。就好像有抠手、咬指甲习惯的人，越是把指甲抠得皮破血流，就越是痛快的心理需求现象。

所以，如果你发现自己有我所描述的这些情绪狂乱时的不适当行为，请一定要想办法控制它们，你可以寻求一些健康的减压方法来消化自己的怒气，或者是寻求专业人士的协助，千万别在盛怒中伤害自己的宝贝。

不要把孩子当作玩具。

我常说一个笑话，每个刚懂事、刚开始学习的孩子都是小小演员，一天要表演好几个场次来娱乐大人。

妈妈下班了，小小孩要表演下午才学会的拍拍手给妈妈看；爸爸进门了，再表演一场给爸爸看；姥爷回来了，再欢喜地表演给姥爷看；周末小阿姨来了，再加演一场给小阿姨看。这些都是甜蜜而欢乐的家庭场景，大人看得高兴，小小孩也兴奋而得意地乐此不疲。这些，不是我所担心的“玩具说”。

我所担心的“玩具说”，是指大人为了开心或省事，而随意对孩子说的话或做的事。

我曾经对超过 200 例个案做过一个调查，其中有超过 90% 的人，包括我自己，小时候都有过离家出走的念头。想离家出走的原因很简单，只因为我们不是爸妈亲生的孩子，是垃圾堆里捡来的、石头缝里蹦出来的、邻居不要送来的，所以为了寻找亲生父母，悲情的我们，必须背着小小行囊苦苦地千里寻亲去。

现代父母对于孩子“我是从哪里来的”这个问题，可能不会再像我们那个年代的父母的回答一样，这么离谱和伤人。但是我们却可能在带孩子出去玩时，随意开玩笑地打算把他送给别人。我们有可能会把孩子送给喜欢他的阿姨；可能会在孩子还骑在电动木马上时，故意说自己要先回家；可能会故意躲在门外观察孩子找不到爸妈时的滑稽反应……这些我们认为无伤大雅的玩笑，对无法分辨真假的孩子来说，却是天大的不安全感的来源。

如果我们确实在第一次带他去同事家玩时，开玩笑地打算把他留在喜欢他的阿姨家，那么第二次你再带他出门时，尤其是又见到几个阿姨时，他就会缠着你，分分秒秒都要你抱着，别人碰都不能碰他一下。你觉得很没面子，觉得这个孩子怎么见不了大场面，你很受挫，所以斥责了他几句……接下来的场景是什么？是小小的孩子感觉到妈妈生气了、不喜欢自己了，完蛋了，要送给阿姨了，所以他哭得更厉害、抱妈妈更紧、更不肯下地。

所以，我还是重复前面那段话，不要随口说出不应该说的话、随意做出不应该做的事，哪怕只是一句玩笑话，或是一个无聊的玩笑举动。

立场坚定、赏罚分明。

我们那个年代父母的问题是不会夸奖孩子，做错了要严加管教，做对了则是本分、是应该的，结果弄得孩子在缺乏赞美鼓励下极度否定自我，个个缺乏自信。有了这些前车之鉴，现代父母以及奶奶姥姥辈们则记取教训，力求改进，但是又犯了矫枉过正、赞美得有些过头、过犹不及的毛病！

有关中国独生子女在行为心理学上的调查研究，是许多社会学家们所热切关注的议题。调查的结果普遍认为这些在家里是小皇帝、小公主的独生子女们，缺乏承受挫折的能力。我自己很认同这些观察，并且相信这些脆弱的情感素质，除了和独生子女备受娇宠、没有学习分享的经验有关之外，和“爱的教育”也不无干系。

我曾经在一个电视谈话节目中，被年轻的主持人当作恐怖的外星人看待。那天谈话的主题之一是要不要体罚孩子。我的观点是当孩子做错事了，必须要让他明确地知道，甚至可以打他的手心或屁股来加深印象。主持人听我说了曾经打过孩子的屁股，吓得在节目中频频问我："金老师，您还打孩子呀？！"除此之外，还时不时语带贬义地说："像金老师这样打孩子的人……"害得我当天觉得自己像个辣手摧子的野蛮人！

是的，我十分赞成爱的教育，但我也十分坚持赏罚分明，并且主张当孩子犯错时，在有必要的情况下，及时、明确、适度、合宜地体罚。例如打手心、打屁股等不伤及他自尊心的处罚是可以接受的管教方式（但绝对不可以在盛怒之下，劈头盖脸地胡乱打他或扇耳光或踢他）。尤其是在孩子开始学习遵守规范、学习与人相处的学龄前时期，就需要坚定我们的要求，并且发出清晰而明确的讯号。

在所有写给家有幼儿的年轻父母看的书里，谈到管教子女时，你一定会看到一个词——坚定（firm），也就是在制订规矩时，一定要让孩子清楚明白地知道这条不能跨越的线在哪里，以及无论如何它的不可动摇性。我举个例子来说，我们不允许孩子在饭前吃冰激凌，这是条不可讨价还价的铁规定，那么不管在什么样的情况下，它都不可以被打破。不能说，今天我们在家吃饭，所以饭前不能吃冰激凌；明天爸爸升官了，全家到大饭店庆祝，因为大家开心，所以在特殊情况下，饭前就允许吃冰激凌。

我们大人很清楚这条"特殊情况"的分际线在哪里，可是对一个自控能力和分辨能力都还没有成熟的幼儿来说，这却是一条可以改变、可以耍赖、可以冲撞、可以挑战的虚线。当然在孩子试图挑战我们的权威时，自然就成为父母和孩子之间，完全没有必要发生的拉锯战的导火线。

根据我的儿童行为治疗专业以及教养儿子的实战经验，我建议的赏罚分明是：

a. 让孩子非常清楚而明确地意识到长辈要求他遵守规矩的决心。

我们不能自乱阵脚，不能让孩子看见或察觉到大人之间在管教要求上的矛盾。相信我，每个孩子都机灵得像猴儿一样，他可以感受到大人之间的情绪变化，并且绝对会抓住机会好好地利用它。

通常，引起教养矛盾的症结容易发生在隔代教养的情境之下，姥姥和妈妈之间会发生，奶奶和妈妈之间更容易发生。而且一旦有了孩子之后，因为养育意见上的分歧，也很容易让婆媳之间的隔阂和矛盾浮上水面。

有关婆媳之间的相处之道，以及如何处理婆媳之间似乎一定存在的意见差异，足够我写另一本书来阐述我的观点。不过在这里，我只想给出几个孩子教养上的原则性建议，除了试着帮助你厘清困惑之外，也把它们当作我今后成为婆婆时的自我警惕。

一开始就将角色定位厘清。如果你不放心或不想让婆婆帮你带孩子，一定要清楚地表达出来，不要拖泥带水含混不清。初始，孩子的奶奶一定会很受伤，但长痛不如短痛，与其你们日后总是因为孩子的教养而发生不愉快的争执，让老公和孩子夹在当中，还不如礼貌地把话说开，让奶奶做个在假日里单纯享受天伦之乐的老佛爷。慢慢地，她就会在你的孝顺体贴中，不得不释怀这个伤心。

如果你衡量各种原因，决定求助于婆婆这个支持系统，那么，你一定要常常提醒自己，你最爱的男人就是她教养出来的，所以她一定错不到哪里去。我知道年轻人和老年人在养育孩子的概念上一定存在许多的差异，不过你不能事事较真，让老人家觉得你总是在指导和教训她。毕竟，她养了个这么好的儿子白送了给你。

你要做的是列出几个大原则，并引经据典地清楚要求婆婆一定要遵守。例如，喂饭时一定要坐在椅子上，不可以在后面追着喂；刷牙后就不可以再吃东西；不能吃太多含有糖精色素的零食；不可以一面看电视一面吃饭等等。可是对几个小时吃一次奶，是喝葡萄糖水还是蜂蜜水还是凉白开等等这些不是那么“性命攸关”的事，我们就要学会尊敬婆婆的经验，不能只照着书本来。不是有一句老话说吗——“第一个孩子照着书本养，第二个孩子就照着猪来养！”

如果在教养中真的发生了不可避免的歧义，一定要直面以对，平和冷静地沟通，并试着商量着找出让两个人都明白、都能接受的方法。绝对不可以因为自己不好意思、不敢说，或懒得说，而让老公孩子当传话筒，或阳奉阴违地让孩子在奶奶面前是一套、在妈妈面前又是一套，这是扩大婆媳不合最要命的关键。一方面我们会激化婆媳之间矛盾的较劲心理，另一方面我们会让先生左右为难，还会让孩子在无所适从中感受威胁。而我最害怕的是，让孩子从此养成了投机取巧、油嘴滑舌、看人脸色、专钻漏洞的坏习惯。

b. 可以处罚，但不要伤害他的自尊心，也不要剥夺他的安全感。

我赞成适度合理的打手心、打屁股，而不是把孩子一个人扔进黑黑的厕所或储藏室里。我在临床上处理过许多极度缺乏安全感的大人，追溯缘由，常发现和童年的恐怖经验有关，而其中，“被关在漆黑的屋子里”是极频繁出现的原因之一。试想，小小孩一个人孤零零地被关在漆黑一片的狭小空间里，他是多么害怕，多么孤独，多么的感觉被遗弃。而且更糟糕的是，这些几乎具有毁灭性的负面感受会取代他被处罚的原始原因，让他在禁闭解除之后，只深刻地记得被遗弃的恐怖，而忘记了被处罚的原因。

c. 管教时，要控制我们的情绪，不要歇斯底里地激化事端。

凭良心说，这是个说得容易、做起来困难的要求，尤其是对事业家庭两头忙，而自己也还年轻的父母们。但是请听我说，你再累、再挫败，管教孩子时也得控制自己的情绪，要不然孩子会被我们爆发的情绪给吓坏了。

我自己就有一个花了我将近 20 年的时间才原谅我自己的极度失败经验。那是在我儿子快满 4 岁的时候，我们全家在一间日本料理店吃饭庆祝我母亲生日时发生的。由于太兴奋了，我那天真快乐的儿子，连续在他的小嘴里塞进了 2 ~ 3 个寿司，我看见了，极度疲倦的我，突然对着他吼着说："你没吃过饭啊？！"我现在还能清楚地看见儿子当时的表情：他的嘴里塞满了饭团、眼里蓄满了泪水、小小的身体抖抖簌簌地看着我。

这幅情景在后来的十几年间常常在我的脑海里出现，每次出现，都让我泪流满面，甚至现在敲键盘的手都还在难过地颤抖！我不能原谅自己给孩子带来的突如其来的惊吓，对他来说，我应该是那个誓死保护他的母亲，可是却因为我没有控制好的情绪，反而成为那个伤害他的人。

我真的不希望你在日后承受和我一样的悔恨，所以请一定要记得我说的话，在出口管教之前，一定要先稳住自己的情绪，千万不要因为我们的失控而吓坏了小小的孩子。另外，对已经懂事的大一点的孩子来说，我们失控的情绪不仅会转移管教的焦点，造成新一轮争执的起点，还会给孩子制造一个叛逆行为的强而有力的好借口。

孩子上学了

曾经那个在怀里软软抱着的小小孩上学了！看着他背着书包，小脑袋晃啊晃地坐在教室小桌子前的模样，是爸爸妈妈最感动和骄傲的时刻，但也是小小孩开始承担责任和感受压力的时刻！

生活在如此重视学业、强调文凭的社会里（曾经我们以为外国人的学习环境比我们宽松得多，结果，美国、英国等西方文明领先国家，纷纷因为学生的竞争力落后于亚洲国家，而开始了更严格、更多家庭作业的小学学校教育），我们无法帮助孩子避免升学的压力和同学间的竞争，因此，我们能做的，只有帮助孩子拥有更好的抗压能力、管理自己的能力以及更健康积极的人生观。

塑造成功者的人格特质

我一直坚信，培养孩子具有“成功者的人格特质”，是他日后最重要的素质之一，同时也是一件必须尽早开始的养成教育。

什么叫作“成功者的人格特质”？用最简单的语言来说，就是具备将来可以获致成功的条件，或者是获致成功的能力。这种人格特质，包含了谦和的自信、良好的独立性、愿意承担责任的态度、面对压力的承受能力、人际交往的成熟度以及乐观积极的人生观。

创造更多的成功经验

在发展心理学的理论中，一个人的思想和行为，会下意识地由他脑门上所贴的标签来主导。也就是说，他会下意识地去符合这个贴在脑门上的标签，因此，脑门上贴的标签是“成功者”还是“失败者”，会相当程度地决定他是否终能获致成功的可能性。

作为现代学童的家长，我们当然很清楚知道在学习如此紧张、竞争如此激烈的大环境中，孩子脑门上的标签不是由我们说了就算，而且有时我们也必须承认孩子先天的智力确实存在着差异。不过也就是因为如此，我们才更需要在这么艰难的环境里，帮助他稳定地成长，帮助他成为一个成功而且快乐的人。

首先，我们要给出一个“合理的”成功者的定义。

有句成语说：条条大路通罗马。这句话我们都能朗朗上口，可做起来却是难上加难。我们相信行行出状元，可就是不相信自己的孩子除了念重点大学之外，还能怎么成为状元！

我说这句话，并不是说我们不在乎孩子的学习，或不鼓励孩子努力读书。而是说在督促孩子认真学习时，不能同时鄙视或堵死除了学习之外其他也能获得成功的可能性。例如，我们不能说“哼！学什么画画，当画家能赚多少钱啊”“人缘好有什么用，高考时又用不着”等等诸如此类掐着他脖子的偏颇言论。

我们不能说这些话的理由，一是，它们确实没有道理；二是，给已经很有自己想法的孩子挑战我们、疏离我们、不再愿意和我们沟通的机会；三是，这会让已经被课业压得喘不过气来的孩子，更喘不过气来。

我在另一本书里曾经提到过一个高中学生的案例，我描述了当从小学习拔尖、在重点高中读书成绩依然优秀的儿子，在饱受升学压力困扰之后得了中度精神分裂症，他同样是尖子的父母如何在我的治疗室里，哭着跪求儿子不要再对分数较真，只要他身心健康就好的辛酸故事。

这段文字引起了许多读者的共鸣，在他们求助的来信中，许多人后悔当初给孩子灌输了太强烈的“分数意识”，让孩子从小就偏执地以为只有分数高了，才是成功，才是受人尊敬的价值。而且可怕的是，当孩子逐渐长大，遇到更严峻的升学关卡时，在强敌环伺、尖子环绕、门框狭窄的竞争压力下，轻而易举地就因为学习不如人而否定了自己或放弃了自己。

从心理学大师弗洛伊德的理论来说，每个孩子，终其一生都在追求父母的认同。在我们每一个人的内心深处，都埋藏着光宗耀祖的雄心壮志，只不过有的人把这种野心，合理化为前进的动力；有的人把它变成压迫自己的粗壮横梁；另外有些人则把它变成评价自己的唯一标准。

如果我们做父母的，能让孩子理解成功的定义不是那么狭窄，只要他能成就对他人有意义的事、能身心健康地成长、能获得生活的幸福，就是我们引以为荣的骄傲。那么他在努力取悦我们的时候，就不会如此辛苦，不会变成瞧不起自己、身心不健康、不幸福快乐的人。

其次，我们要合理地认知自己孩子的能力，协助他在力所能及的步伐下，向上攀爬。

在这里，我要提出一个很重要的“阶梯理论”。这个方法尤其针对那些学习成就比较低的孩子，帮助他们在积极务实的计划下，有效地达到目的，并且扭转从前“我是个失败者”的自我评价。

阶梯理论的重点是，先找出孩子目前的位置，然后在现在的位置与希望达到的目标之间，规划出几个力所能及、经过努力之后就可以攀爬上去的台阶，让孩子在每登上一个台阶之后，享受成功的美好经验，习惯进步，并且相信自己也可以成为成功的人。

举例来说。如果现在孩子的数学考试成绩每次都在 30 分左右，是全班的倒数几名。好的，现在你在 30 分和及格的 60 分之间，依据孩子的实际能力画上几个台阶。你可以和孩子一起讨论，问问他在努力学习之后，预估下一次考试可以得到几分。如果孩子为了讨好你，夸口说 60 分或甚至 80 分，你不要讥讽他，只要诚恳、心平气和地说：“我们可以慢慢来，我们下次先考到 45 分怎么样？”

你可能会说，金老师，既然孩子都下定决心说要考及格了，我们为什么要不信任他，降低标准呢？

没错，孩子一定希望自己能考好成绩，也一定会尽可能想办法要考好成绩。可是如果他的实际能力距离好成绩还有一定的差距，那么与其让他再次尝试失败的挫折，还不如帮助他正视自己的实力，一步一步地往上走，并且在一步一步往目标前进的过程中，发现学习的乐趣，习惯并享受成功的经验。

计划开始实行之后，如果孩子真的考了 45 分，实现了比上次进步 15 分的目标，虽然还是不及格、还是班上倒数几名，但你还是要高兴地庆祝他的成功，给他应得的赞美和奖励，让他发现，只要努力，自己是有能力做到的。而且经过这次成功的经验，让他更有积极的动力和自信，把脑门上失败者的标签渐渐淡化，相信自己也是成功者，因此充满信心地继续往下一个台阶攀爬。

这时你可能会再问我，金老师，如果这样一小步、一小步地往上爬，还没爬到顶上，中考或高考就已经结束了，那有什么用啊？！

是啊！是啊！我知道考试在即，任何步骤都得加速。可问题是，如果你不这么帮他，以他目前的成绩，他还是考不上好学校。那么，与其这样，还不如把考上学校的目标放在第二位，把培养孩子的自尊自信、积极负责、努力向上的素质放在第一位。而且这些素质会成为他血肉里的养分，跟着他一辈子、影响他一辈子，并且决定他今后成为什么样的人。

当然，我当然希望我们不要等到孩子已经在学习上饱受挫折之后，再实行阶梯教育。如果我们能尽早在孩子还小的时候，就帮助他养成为自己制订计划的习惯，对他今后的助益会更大。

此外，这个方法也并不仅仅适用于孩子的学习上，它完全可以应用在培养孩子的注意力、稳定性、独立负责等等方面。只要你肯花时间、花精力多去琢磨琢磨，就一定会发现它的无穷妙用之处。

最后，我们要相信他可以很独立地完成一件工作。

许多母亲知道我在儿子不满 11 岁时就把他独自一人送到英国的寄宿学校读书，都大为羡慕（当然也有很多人不以为然。呵呵！）。她们艳羡之余，绝大多数的反应都是：“哎呀！您的儿子多独立啊！我们这个不行，都这么大了，什么事都还得我跟着操心！”

每次面对这个标准化反应，我的心里都会反问：“是他真的不够独立，还是你不肯放手，不愿意让他独立呢？”

是了！也许这就是问题的症结了。

作为母亲，我们谁都希望成为孩子可以依靠、可以仰望的灯塔。我们希望孩子在我们尽可能张开的温暖羽翼下健康快乐地成长；我们希望拉着他的小手，一步一步领着他认识这个世界；我们希望从他清澈明亮的眼睛里，看见对妈妈的爱以及信任；我们希望他永远都是那个看见妈妈，就飞奔向前，伸开双臂的小小天使……

理智上，我们希望孩子独立成熟，为自己负责，不再需要大人的指引；可是在情感上、在幽微的内心深处，我们又希望孩子慢点儿长大，希望他待在身边，希望他永远不要离开家，不要翅膀硬了就不要爹娘了！

于是，在矛盾而洋溢的母爱天性驱使下，我们一面担心他不够独立，一面又快乐骄傲地为他做这做那。我们一只手轻轻地推他往外走，可另一只手却用一条更牢固的绳索把他往回拉。没办法，我无意谴责，因为这就是母亲，而且我自己也完全一样！

不过，为了培养孩子，为了他的独立自信，为了他将来有更好的生活能力，我们必须咬牙接受一个残酷的事实，那就是孩子大了，他有自己的想法、有自己喜欢相处的同学圈子、有自己崇拜的偶像（孩子一旦上学了，妈妈就已经从被崇拜的名单上渐渐淡出了！），更重要的是，他已经具有独立思考和独立处理事情的意愿。

是的，他已经具有独立处理事情的意愿，虽然不尽然具备处理好事情的能力，但他愿意自己去做、去尝试、去探索，而这种意愿和动机，是不应该被打消或打击的。而且坦率地说，我们也打消不了这个意愿。

他有可能在我们面前顺着我们的意思，乐得做个不动手、不动脑子的懒人，可是在外面、在同学面前，他却是个忙里忙外、能干得不亦乐乎的小大人。

所以，放手吧！妈妈们。

我用一句不知道是谁写的、自己非常喜欢的短句和你共勉。这是在我儿子房间的墙上挂的一幅画上的句子。那是一幅狭长的画，画里有一棵高大的树，可以看见清晰盘错的树根和树枝上振翼展翅的小鸟。画上写着：

Please give me roots to grow and wings to fly.

（请给我树根让我生长，给我翅膀让我飞翔。）

我真喜欢这幅画想传达的观念。我们对于如此宝贝的孩子，所能做的，只是尽其所能地给他提供健康强壮的树根，以及有利于树根生长的丰腴肥美的土壤；但与此同时，我们也要给他一对振翅高飞的翅膀，给他自由飞翔的权利，让他翱翔天空，不要让我们的爱成为他飞不远、飞不高的沉重负担。

PART 04

关于职业生涯规划

对于追求卓越、争取成功的

双生涯（家庭生涯以及职业生涯）女性来说

如何既能照顾自我的发展需求

又能兼顾家庭的发展需求

确实是考验女人智慧的一门功课

“亲爱的，我又发火了，看着你低头无声转身进厨房做菜的样子，还有宝宝吓得一动不动、缩在小凳子上低头看漫画的背影，我就知道我又错了。最近不知道怎么的，总是控制不了自己的情绪，动不动就发火。我很内疚，但是说不出来，我想我是太在乎你们了，怕你们觉得我不好，才对你们这样大呼小叫。但是这样，只会让我们的快乐越来越少吧？”

早上丈夫出门前，我在他口袋里放了这张小字条。昨天，我们一整晚基本没说话。把宝宝哄睡了后，他就抱了抱我，无言地上床看书，过一会就睡着了。我看着他冷漠的样子，一股无名火又蹿上来，我使劲地压制，才没再把他推醒。推醒他，我又能说什么呢？我心里的焦躁和不安，大家都看得到，而在这么宽容宠爱的家庭里，还因为自己的焦躁不安去发火，又占什么理呢？

我并不是天生脾气火暴的人，记得以前没孩子，整天上正常班的时候，我性格特别好。也是因为性格好，丈夫才格外喜欢我，他老说，你脾气这么好，这么懂事，真是我的福气。这么看来，不知现在他会不会想，我的越来越不懂事，真是他的灾难。我使劲甩甩头，不去做猜度，猜度让人心情差，心情一差，又爱无理取闹。

爱无理取闹，应该是为了生孩子，辞掉工作之后的事吧。丈夫收入不错，家庭背景也好，我怀了孩子后本来想坚持上班，但是单位正好搬家到一座新写字楼，办公室的甲醛味极重，我怕影响孩子健康，就顺水推舟辞了职。怀孩子那会儿，容易有情绪，大家都理解，于是宠着惯着，我自己也觉得正常，就由着性子来。后来孩子生下来，一开始也很开心，心里眼里都被孩子填满了，我也觉得为了孩子放弃工作是对的，那段时间每天都喜笑颜开，丈夫说我是他见过的最安详美丽的妈妈。

可是又过了两年，好心情渐渐消磨了。我不上班，孩子有保姆带，我管得也不多，成天在家无所事事，就算能逛街、旅行、练瑜伽、看各种书，但那种无事可做的空虚劲还是挥之不去，可是让我现在去上班，我又受不了那种强度和压力，人已经懒散惯了。就在这种矛盾和空虚里又过去了一年。

有一天丈夫请人回家吃饭，对方的女伴正巧是我过去的同事，几年不见，她已经成为公司的中层管理者了，嘴上说的，都是我不知道的行业故事。我心里难受极了，抱着个孩子，觉得自己邋遢又落伍。正好这时孩子打翻了碗，我顿时气起来，一边拽着小孩的衣领给他擦脖子，一边小声斥责了句："小冤家，妈妈为了你连工作都不要了，你还不给我清静点。"这么伤人的话，我脱口而出，自己傻了，在那边正谈事的丈夫也愣了一下。幸好孩子还小，听不明白。那天晚上，丈夫就对我说，听说现在开网店挺赚钱的，你在家上网开个店吧，你眼光好，又喜欢忙活。我同意了，也觉得忙一些，心情也许能平稳些。

但是开网店其实生意不好做，收入很不稳定，虽然我们家不靠我赚钱，但是我自己却异常在乎成败，我想做一件事，哪怕只有一件，能来证明除了生孩子我还有别的价值。于是，以前没有由头生气发火，现在时赚时赔，反而更助长了我的情绪波动。赚钱的时候，兴高采烈眉飞色舞，就对自己有自信；货一旦卖不出去，我就怨天尤人，又觉得自己眼光不好，又觉得是自己一直在家待着，能力退化了，怨来怨去，又怨到当初辞职的事情上。丈夫一开始还耐心地劝我鼓励我，时间长了，就不大理会了。有一次甚至还说：“你觉不觉得你得调整心态？不然一家人都跟着你心潮起伏，喜怒不定的，对孩子成长不好！”

丈夫的冷淡斥责，和孩子总在试探我是否高兴的眼神，都叫我越来越压抑。我究竟怎么了？很难说清，当然不是缺吃少穿，也不是闲得无聊。但我总是无比焦躁，觉得每个人都在看我，丈夫、孩子、父母、亲戚、朋友，在看这个辞职在家的女人，会不会变成个依赖丈夫和孩子的黄脸婆。我总是觉得有人在暗中想，这个女人除了会带孩子，什么都不会了。其实昨天晚上我这么想着，就觉得什么都那么不顺心，自己什么也没有，不由得又委屈生气起来。

在写给丈夫的小纸条上，我没有写，其实昨天晚上，我做了一个梦：梦到自己在大吼，拼命地吼，吼完后，就看到他和儿子背转身离开。我失去了他们，也不拥有其他任何东西，我哭醒了。

很多像你们一般大的年轻女孩喜欢问我这么个问题：金老师，您的家庭那么幸福健康，您个人的事业又这么成功，您是怎么做到的啊？

我每次回答这个问题都不免有些心虚，所以总是提醒面前的小朋友一件事：嘿！你别忘了我已经几岁啦！如果我今年和你差不多大，我可能有让家庭和事业齐头猛进的秘诀。可是我都已经 50 多岁啦，熬到了这个年纪也该有些收获了吧！

说真的，我不是开玩笑。我总是说以我的学历（唉！对我们那个年代的人来说，我的学历还算差强人意的啦！）、能力（本人才思敏捷，在学校时是有名的才女）、情绪智商（这是我毫不害羞承认的事，这个智商源于我灰色的青春期），我若是认真地冲刺我的事业，大概在 40 岁左右就一定可以取得今天这番小小的成就。可是我没有，我一直等到临近中年，才渐渐地在比较稳定宽松的家庭环境中，被别人发现、认可，乃至于尊敬。

我个人对如何平衡家庭和事业是这么理解的：在每个女人面前都有一个天平（男人也一样，只是没有像我们这么受到社会传统价值的束缚和制约），天平的两端分别是“家庭”和“个人发展”，老天爷给了我们一定数量的砝码，任由我们自己在天平的两端摆放，你在这端放的多了，那端就注定要减少。老天爷也给了我们一个规定，既然如何摆放砝码由我们自己决定，那么所形成的后果也由我们自己来买单，怨不得别人！

因此，我自己的砝码摆放应用哲学是：我两端都放，只是我不贪心，我让两边都循序渐进，可是当个人发展与家庭需求相抵触时，我会毫不犹豫地捐出个人发展的砝码数量。

这是我的生涯规划哲学，我的个人选择，但不是真理。因为当事情关乎每一个独立的人时，决定的本身并没有对错，只有个人价值观的取舍。我之所以做这样的选择，只是因为我不希望当我花了大部分时间埋头事业并取得成绩之后，抬起头来准备享受成果时，却发现四周无人和我一起分享这些快乐。

就像我前文说的，如何在个人发展和家庭需求之间做孰轻孰重的取舍只关乎个人的意愿，我因此不想强加一些理论性的东西给你。我只想在和你谈“大道理”之前，先把我个人的例子提供给你作为参考。

34 岁之前，我一直是个朝九晚五、在医院工作的上班族。我每天生活的重心，除了照顾还在上幼儿园的儿子之外，就是如何在高度压力的心理治疗工作之余，以最有效率的工作速度把家里内外打理整齐。在学校里，我是个叱咤风云的人物，连得好几届台湾地区大学杯即席演讲比赛、辩论比赛的冠军，同时也是诗歌朗诵、新诗创作比赛的获奖高手。还没结婚生孩子之前，在我高傲的理想抱负中，以百米冲刺的速度来回于医院、保姆家、自己家的场景，压根儿就没有出现过。

在我儿子才几个月大的时候，我得到一个留职停薪去美国念书的机会。临行前，我只是心疼要有好长一段时间看不见老公和儿子，但当时还年轻的我，并没有意识到思念的辛苦。一直到我孤身一人在美国苦读，每当夜阑人静、众人皆睡时，我才发现离开我最在乎的两个人，思念是何等锥心刺骨的疼痛。我当时就知道，尽管我享受舞台上聚光灯下的掌声，我的能力也配得那样的荣耀和光环，但我的心灵只有坐卧在我爱的人身边，才能得到最大的圆满和充实。因此，学成后，我拒绝了留在台北大医院工作的机会，回到高雄，安于做个单位离家只有 15 分钟的快乐双生涯妈妈。

34 岁左右，我和先生一起离开原本安定的工作单位，投身商场开创事业。如今回首，那之后的10年，是我最艰难困苦、最动荡不安的岁月，也是命运试练我是否能坚持信念的日子。在这 10 年间，我们遇到了好几次几乎灭顶的危机，也遇到了好几次能从谷底翻身的机会，可是老天爷和我们开的玩笑是，这些能从谷底翻身的机遇都潜藏着可能失去婚姻的代价。

我至今还深刻地记得那一次“最好”的机遇。一个非常非常有钱，可是商场声誉却不太好的商人，想要投身销售精油和SPA服务的行业。他从业界知道我是个拥有专业素养的人士，希望聘用我成为他公司的高级培训讲师兼英文翻译。当猎头公司来找我时，这位老板开出了极为吓人的薪水，对于当时还在谷底苦熬的我们来说，单单是一个月的薪水就足以相当程度地减缓我们的财务压力。

我和先生当然抓住了这个机会，也天真而兴高采烈地认为，老板的商誉和价值观都与我无关，我只要好好地工作就行。

开始工作之后，老板确实给予我很高的尊重，随行出国翻译也受到很好的待遇。我们出国必定搭乘头等舱，必定住五星级酒店，必定涉足高级娱乐场所，由于大家都指望着我的专业和英文翻译，我更是在随行团中显得举足轻重。初始，我对这样的际遇还颇为沾沾自喜，一直到我发现自己已逐渐耽溺于这种奢华的享受。

我开始期待每一次豪华出游的机会，开始喜欢坐着舒适的汽车出入高级场所，可问题是与此同时，我的先生却仍然在脚踏实地地为了我们的理想和未来辛勤地工作。好几次在越洋电话中，我听出他声音里隐藏的焦虑和担心，这才让我惊觉，这种不对等的生活内容，不是我们最初对婚姻生活的期待。

我还记得最让我羞愧难当的，是在英国伦敦出差的那一次。那一次老板的夫人也一同随行。一天，在开完冗长的代理权会议之后，我们驱车前往伦敦最昂贵的哈洛德百货公司购物。老板年轻的新婚夫人出手阔绰，当年光买一件名牌内衣就花了 400 多英镑。我跟在她后面，看着她不眨眼地疯狂购物，还从比我年轻许多的她的手上得到了好些馈赠。就在那天下午，就在那一刹那，我几乎无法遏制住自己将要夺眶而出的眼泪，我告诉自己，我必须离开。

我很清楚当时为什么会有夺眶而出的泪水。一方面是脆弱的我不仅羡慕她的富有和阔绰，内心尖酸苦涩的我，还质疑自己读了那么多年的书，为何还不如一个嫁给有钱人的花瓶；另一方面，我也为自己的爱慕虚荣感到羞愧，为自己如此容易动摇信念而害怕，更为远在家乡辛勤工作、兼顾孩子的先生感到委屈。

我的求去当然换来了无数的惊讶，可是从先生如释重负的眼神中，我知道这个决定是对的。我们勇敢地拒绝了吓人高薪的诱惑，拒绝了我在商场舞台上发光发亮的可能性，我们继续相互扶持、本分地努力工作。虽然财务压力依旧窘迫，可是一家人在一起的踏实，却是继续走下去的美好动力。

经过了这次试练之后，我和先生都有了更清晰而坚定的人生准则，那就是无论遇到什么事，家庭永远是我们面临选择时第一优先的选项。而且这个准则不仅仅只适用于我，对他也一样具有效力。如今，我们的婚姻已经走入了第 27 个幸福的年头，我们所创建的事业也缓缓进入第 18 年。我之所以用“缓缓”来形容我们的事业，是因为它真的很传神地描述了我们的进程。我们的公司很小，做的是很专业的项目，获利率也很有限。我们从不打算扩张，因为知道自己不具有这样的实力，况且，我们最不愿意付出的代价，就是因为被工作绑住而牺牲了全家快乐相聚的时光。

听完了我的故事，我想再强调一次，人生道路的选择上没有对或错，只有自己的决定。我的决定也许并不完美，它远远不代表真理，更不一定适用于你。不过，这是我对自己人生的价值观，是我的选择，我承受结果，乐在其中，同时也从中获益良多。

女性个人发展的三个进程

女人，尤其是身处现代社会的女人，由于教育水平和自我意识的普遍提高，无可避免地必须扮演多重的角色——女儿、妻子、母亲和职业身份，与此同时，我们还希望这些角色都能扮演得完美而出色。基于天性，除了职业身份这个角色或许可以稍微偷点懒之外，其他的三个角色都有着任重而道远的要求。因此，对于追求卓越、争取成功的双生涯（家庭生涯以及职业生涯）女性来说，如何既能兼顾自我的发展需求，又能兼顾家庭的发展需求，确实是考验女人智慧的一门功课。

“M 型生涯”论

工商管理学家给女性的职业生涯总结出了一个叫“M 型生涯”的理论。认为女性的工作时期呈“显波状”的发展进程：刚从学校毕业进入职场的女性，才刚从谷底向上爬升；大约五六年间臻至第一波成熟高峰；平均三十岁结婚后，又渐趋下降；生育孩子之后，再度降到谷底；等子女长大成人，不需要再那么操心劳力，在平均四十五岁左右时，又出现第二度高峰。

我蛮认同这个理论，自己对经营这些身份也有一套分类哲学，我把生涯规划分为三个进程：就是孩子还需要母亲用心照顾的第一期，需要考虑家庭共同利益的第二期，以及属于我自己的第三期。

孩子还需要母亲用心照顾的第一期

当孩子还小、需要母亲专心陪伴照顾的时候，“事业”扮演的是确认自己的存在价值、不与社会脱节、帮助家计等等功能性的角色。在这个阶段中，如果你很幸运地遇到一个理解你有幼小孩子的老板，或所从事的是不需要投注过多时间精力的工作，那么事业与家庭的冲突不会在这个阶段对你造成太大的威胁。

可是如果你没有那么幸运，工作必须耗用你绝大部分的时间和精力，而家庭又确实需要这一份收入。这时，我个人的建议是，你有两个选择：求助支持系统，或者是换个工作。

寻找支持系统。

所谓支持系统，指的是双方的父母、亲戚、配偶、托儿所或者是可以住在家里的好保姆。我们必须确保当自己在外专心冲刺事业的时候，孩子是在快乐、安全、健康的情境下成长。我在儿子 4 岁的时候，就启用了这个系统。

当时我到巴黎、伦敦学习艺术治疗，我先生也在英国念书。在长达 2 年的时间里，儿子在乡下和教小学的奶奶一起生活。那段时间，我们尽量安排长一点的假期和他相处，甚至耗尽积蓄全家到欧洲长途旅行（这就是为什么我们开始做生意之后，在没有充足资金的支撑下会如此辛苦！呵呵，年轻人多么有自信或多么冲动地下赌注啊）。那两年，我们和儿子相处的时间不如以往的多，但相处时的注意力和质量却远远超过从前。及至今天，已经长大成人的儿子还常说，那两年的乡野生活是他极难忘的快乐童年时光。

不过，在这里我想要先强调的是，支持系统不能代替母亲或父亲的角色功能。我们不能因为把孩子交给了可资信任的人之后，就认为可以海阔天空地去发展自己的事业，只要隔段时间带着大包小包的礼物出现，或深夜回家在熟睡的孩子脸上亲亲，就如此轻松地尽到了妈妈的责任。

由于必须启动支持系统的双生涯女性为数众多，伦敦心理研究所的洛特博士（Michuel Rutter）对在托儿所里养育的幼儿做了一个研究。他指出，在托儿所里长大的孩子比较活泼，比较富有侵略性，懂得和同龄的孩子相处，有比较好的人际关系，但在忍受挫折方面，却不如在家中长大的小孩。此外，另一位专门研究托儿所育儿的哈佛大学杰罗姆·卡根（Jerome Kogan）博士，在对 60 个 2 岁半之前在托儿所长大的孩子的研究发现：

> 幼儿如果在充满爱心、环境良好的托儿所里长大，他们的身心发展和智力发展几乎和在家由父母照顾的幼儿几无差异。只不过，最理想的托儿环境是，婴儿与成人人数的比例是每 3 个婴儿就有 1 个成人照顾。否则，婴儿的智力发展和情绪成长会因此而缓慢下来。
>
> 婴儿 7、8 个月到 18 个月大之间，对陌生人很容易产生恐惧的心理。所以孩子最好是在 7 个月大之前，或 18 个月大之后，送到托儿所；不过，也千万不要生下来尚未满月就把他送走，因为婴儿在第一个月里需要培养对疾病的抵抗力，只有在

家、在妈妈身边，他才能得到最好的呵护照顾。

所以，如果你在其他支持系统都无法运作的情况下，必须把孩子送到托儿所时，请一定要留意上面这两个研究结果，再据此做出对孩子最好的安排。

别让蜡烛两头烧。

另外，为了个人不得不然的职业生涯考量，当我们减少了与孩子相处的时间，把孩子交给支持系统之后，在看似卸下责任的轻松之下，其实反而会造成自己更大的精神压力和牵绊。所以，当你确定要这么做时，请一定要照顾好自己的身体和情绪，因为我们需要有很健康的身体和心灵，才能应付好两头都必须专心应对的需索和照顾。想想看，在奔波劳累整整一个星期之后，星期六还得一大早起床，带着孩子逛人山人海的动物园，那真的是一件非常非常需要体力和情绪成熟度的事！

此外，我还想提醒年轻的上班族妈妈们，很多时候我们是带着浓浓的负面情绪生活和工作的。一方面我们自责自己没有在家照顾孩子，没有长时间陪伴孩子，是个不尽责的母亲；但另一方面我们又为自己越来越少的自由时间和不胜负荷的劳累，而感到疲倦和委屈。我想提醒的是，这些情绪难免发生，但千万别让它停留太久或被它控制。

我因此总是劝告已婚的年轻上班族（妈妈）们，即使结婚了、有孩子了，也一定要尽可能地设法保持拥有自己的时间，和知己女友们在一起放松一下，哪怕是一顿只有 2 个小时的下午茶或一次简单的美容护理。这段我称之为“遁逃”的时间，可以帮助我们清洗已经塞满事情的脑子和松弛逐渐僵硬的肩颈肌肉，同时还能更新记忆中无忧无虑的单身快乐时光。最重要的是，它让我们觉得自己不是那么命苦或变成了不讨人喜欢的老巫婆！

此外，自从女性开始承担和男人一样的家庭责任和经济角色之后，有一个颇具有性别歧视的新名词接着出现——“女强人身心症候群”。它指的是身兼数职的忙碌职业女性常会出现的身体症状，例如头痛、头晕、失眠、心悸、过敏、便秘、胃痛、消化不良、月经失调、情绪波动等等明显和焦虑以及生活压力有关的身心不适。这些身心不适初始只是偶尔发生，但如果我们不用心照顾，很有可能造成进一步的生理问题，甚至成为导致家庭失和的原因。

因此，我们除了要好好地学习企业管理学中的时间规划和效率原则之外，还要对自我能力有充分的认识和衡量，不要逞能地以为自己可以应付所有的工作，或必须承担所有的工作。我们必须学会在感受重压之后发出求救的信号，试着把工作，不论是家庭中的或工作上的，分摊出去。我们可以根据自身的能力和实际情况，修正对目标的要求标准，或把达到目标的时间放宽一些。因为如果我们不这么做，等到身心被压力击垮时，要付出的代价和时间会更大和更长。

还有，不要忽视内心的冲突挣扎，给自己一点时间，好好考虑人生追求的目标和优先顺序。我前面才刚说过，老天爷只给了我们一定数量的砝码，我们不能贪心，不能什么都要，我们得务实地把优先顺序列出来，再根据这些优先顺序，将有限的时间和精力做最合理和最有效益的安排。

另外，为自己建立一个低潮时的支持性网络，例如：亲人、可以谈心的好朋友、爱护你的师长、心理顾问，来帮助自己度过情绪的低潮期；或使用一些可以帮助减压的方法，例如我喜欢的具有绝佳身心灵疗效的芳香精油、瑜伽、冥想、散步等等，来及时宣泄自己的压力，在这些负面能量还没有完全失控之前，先防患于未然地疏导和控制损害。

安于自己的选择。

现在让我们再回到先前的选择题上，如果在选项中你找不到可以合适交付的支持系统而不得不决定选择转换工作甚至辞去工作的话，这时，如何平衡、调适自己的心理和情绪，就更是个必须严肃面对的课题。

我认识许多年轻的母亲为了年幼的孩子放弃了自己原本前途辉煌的工作。有的人安于自己的选择，在另一个并不具有严苛挑战性的工作中，稳当而快乐地陪伴孩子成长；有的人却在选择了转换工作之后，怒气冲天地数算自己的失去，怨天尤人地把责任推给了先生或无辜的孩子。

当女人为了家庭、为了孩子而牺牲了对自我价值的追求时，有些人很有可能会把挫折的情绪转换成对孩子的憎恨。我知道这句话听起来很恐怖，哪个妈妈会只因为换了工作或辞去工作，就这么离谱地憎恨起自己的亲生骨肉？是的，这种例子在临床上屡见不鲜，有些妈妈甚至只因为生了孩子后身材变形，就迁怒于自己的孩子。

当然，这种迁怒或憎恨的情绪是潜意识里的心理活动，妈妈本身并不一定自知，也更不一定认可这所谓离谱的错误。可是这隐藏在潜意识里的情绪，确实会影响我们对待孩子的态度。我们有可能会在他打翻了碗时，歇斯底里地对他大吼大叫；有可能在他不做作业还牢牢盯着游戏机时，失控地挥舞着手上的小小棍子。当我们得知曾经同一个办公室里的女同事，因成就了自己的辉煌而成为媒体报道的成功精英女性时，那种失落、自卑、不甘心的痛苦，便一股脑儿地转向了让我们困在原地的“始作俑者”——那个方便的、随手可得的、毫无反抗能力的小小受气包的身上。

孩子的心灵是敏感而纤细的，面对妈妈常常突如其来的暴怒，他们不能理解引起这暴怒背后复杂的心理原因，他们只能简单地理解为是因为自己不乖、不听话，而招致妈妈这么生气的严重后果。此时，作为“罪魁祸首”的他，性格内向的孩子就有可能选择了两个极端：一是从此怯懦地讨好取悦妈妈（以及他人）；二是变本加厉地叛逆，因为反正妈妈已经不再爱我了！

我想说的是，如果你已经做了某些牺牲，就一定要让这个牺牲是值得的。千万别赔了夫人又折兵，不仅委屈了自己的前途、损害了家庭的和美，还扼杀了孩子的自尊自信和快乐童年。

需要考虑家庭共同利益的第二期

当时间推移进入了生涯规划的第二个周期，孩子渐渐长大，进入学校，不再需要我们长时间的陪伴照顾，可是这个时期却又有另一个家庭成员出现了需要我们耐心照顾的迹象，那就是已然步入三十岁晚期、人生责任高峰期初期的先生。

我在讲述婚姻的篇章里，已经对男人——这个和我们不一样的“人类”，做了很详细的解剖说明。如果这个人是你愿意尊敬和辅助的对象，那么此时又是我们为了家庭的共同利益必须做些妥协和牺牲的时候。不过在我还没有深入讨论这个话题之前，我必须先为这次的“妥协”定个性。

很多时候，我们以为妥协是一种牺牲。是的，面对孩子时光不会倒流的成长速度，我们有时确实不得不做些自我价值的牺牲，好满足孩子成长过程中对母亲的亲情需求。可是当妥协涉及婚姻中的两个成年人时，它却常常是换取更大共同利益的手段，而不必然是个人的牺牲。而且，当面临需要妥协的现实情境时，如何做才能让妥协不成为让步、不成为没有价值的牺牲，这才是我们需要学习的重点。

就拿我自己来说。在过去18年从商的生涯里，前面的十二三年，做的都不是我自己喜欢、但却对家庭共同利益有帮助的事。

由于先生家族里有从事化妆品生意的背景，所以我们创业时，就选择从比较有人脉关系的进口化妆品代理生意开始。

我是个有着十分迂腐的士大夫观念的人，念高中时，甚至还是重点高中校园里有名的、以哲学思想为傲的“竹林七贤”的七位成员之一。高中时期，我读了很多存在主义的书，阅读的范围从中国的老庄，到西方的卡夫卡、加缪。大学四年，则师从一位清朝皇族遗绪爱新觉罗老师，读完了四书中的《大学》和《中庸》。年轻时，自认为饱读诗书的我，向往着在学术殿堂里自在悠游的专业生涯，我的人生，应该是在大学里教书，或起码也是在艺术家聚集的村落里自由而高傲地生活。我的生涯规划脚本里，绝对不可能想象会和如此“肤浅”的美容有关，更何况还要以它来谋生。

但是，为了追求家庭的共同利益，我做了巨大的妥协。

为了更好地销售我们所代理的法国专业彩妆品牌，我远赴巴黎学会了以往从来就嗤之为市侩的化妆和人体彩绘；为了卖出所代理的SPA护肤产品，我投身专业美容教学，开设了美容学院，终日与美容院的老板打交道。在将近13年的工作生涯中，我不享受自己的工作，只是尽力地做好本分，并努力地说服自己乐在当下。而支持我这么做的动力，就是我一直坚定的信念——我的家庭，以及我所期待的美好晚年生活。

蹲下，是为了下一个更美好的跃起。

不过，请不要因为我灰色的描述而忧伤，以为那仅仅是苦不堪言的无私牺牲。事实上，我想表达的是，尽管在生涯规划的某一个阶段中，为了更大的共同利益，我们必须做出一些牺牲和妥协，但这并不意味着它必然要阻碍或停止我们追求理想的脚步。我在代理彩妆、护肤品这些沉潜妥协的年岁中，一直没有间断对自己喜爱事务的追求。我大量地阅读，尽可能抽出时间参加有关专业心理治疗的研习会，并且一直不间断地研究最喜爱的艺术治疗。我尽量储备自己的能力，并且保持乐观地坚信它们会有用武之地的一天。

是的，这就是我的故事。当面临在天平两端摆放砝码的取舍决定时，我选择了更专注于家庭需求的发展，而放置比较少量的砝码在我个人发展这一端。但是，请你一定要留意，放得少一些，并不等于全然放弃。我们只是把个人发展的脚步放慢，更专心倾听来自家庭需求的声音，与此同时，我们要继续储备能量，伺机而动，等待终于可以为自己跃起欢呼的时刻到来。

现在网络这么发达，许多远距教学课程、Open University、女子课堂等等相对有弹性的课程，都是为了帮助没有办法全身心、全时间投入学习的现代人，尤其是女性，而设置的。就拿我讲课的 IFA 芳香疗法远程教学来说，学员当中就有 90% 以上，是拥有专职工作或在家带孩子的全职妈妈，她们学习芳香疗法的目的，除了是对精油的神奇疗效有兴趣、可以帮助自己和家人的身心健康之外，更多的是希望能拥有第二个专长，好为自己的将来预做准备。

所以，在事业的低谷时期，我们因为孩子或其他原因虽然无法对事业全力以赴，但不能就此松懈，我们的表现波幅至少也应该是平行移动，要尽量积累第二专长和经验，准备迎来“M 型生涯”的第二个高峰。

你的收入比他高时。

当然，在顾全家庭共同利益时，并不仅仅只是女人需要毫无理由地退让，男人也必须承担同样的责任和义务。如果在两份收入中，妻子的事业明显地更具有前瞻性和有不可放弃的充分理由，那么就要学会在不伤及感情的前提下，很有智慧地做出最符合家庭共同利益的决定。

年轻美丽如你，一定不能理解受过西方高等教育的我，为何会有如此传统而愚昧的三从四德思想。你一定在想，保留我的高成就、高收入工作，为什么要有智慧？为什么要考虑不伤及他的感情？有关这个质疑，我已经在“婚姻”那篇的有关章节里回答了你的“为什么”。在这里，我只是衷心地希望不要看见你和某些盛气凌人的女强人一样，在承担较多部分的家计之后，忘记自己仍然是个需要仰望丈夫的女人！

此外，我也想给你打支预防针，帮助你有个思想准备。那就是当你的事业成就高于先生的事业成就时，很有可能需要花更多的力气和心思，去处理脆弱微妙的婚姻关系。女人在面临这种困境时都不免有些矛盾的心理，一方面我们希望他以我为荣，享受我的成就，不要妒忌限制我的发展；另一方面，我们又不希望他是个有吃软饭之嫌的窝囊废，希望他有大男子气概，是个足以让我依靠和仰望的男人。

以我的年龄、阅历以及专业知识等多重角色身份，我可以明确地告诉你，这真是个奢华的请求。

从我给为数众多的事业有成的女企业家、女成就家讲课的经验里得悉，一个轻松掌握号令手下数千、数百人的女上司，最搞不定的，常常只有一人，那就是她家里的“变态”老公。我为什么用如此极端而贬义的字眼来形容她们的老公？只因为，当老婆的成就越高，男人需要消化的情绪就越强烈。尤其是当他发现自己不仅在经济上需要依赖妻子，甚至居然在情绪上也开始依赖妻子时，那种不安、羞愧、惶恐、自卑的心理就会更加强烈。

因此在这种强烈情绪冲击下的他，很容易变得像随时准备好攻击别人的刺猬，做出许多他自己“清醒时”都觉得可笑、非理性的行为反应。例如，他会突然成为我们的人生导师，像个智者一样批评我们的所作所为。我就认识一位很有成就、很知道如何管理员工、很得到我敬重的民营女企业家，在她老公眼里，她是个无能、毫无章法的女人，随时有可能因为决策错误而失去一切。因此在晚饭餐桌上，他们之间最常出现的谈话内容总是他在纠正她的错误，教导她如何做好老板的工作，哪怕他自己根本就毫无这方面的经验。

另外，还有一些我认识的女老板们，更是离谱地得忍受老公无端的挑剔和讥讽，有的甚至严重到在员工面前被先生无理地数落，或故意做出让老婆难堪尴尬的事情。如果你已经陷入这种情境，遇到这样的老公了，怎么办？

还记不记得我在讲述婚姻时提醒你的那句话：“不要对号入座，不要take personal”。没错，当我还在做儿童行为治疗师的时候，我们最喜欢和有需要行为矫正儿童的父母们说这么一句话：“任何一个反社会行为的背后，都有一个求救的原因。”作为人，我们都喜欢被人尊敬、受人欢迎、得到赞赏，我们天生倾向于与人为善，不会自愿做不讨人喜欢的事，除非内心有自己都弄不明白的情绪需求。

所以，如果你老公有让你不快的情绪和行为表现，请不要难过，不要认为那是冲着你来的，不要认为他不懂得你的辛苦，不悦纳你的付出，不欣赏你的能力，他其实只是在消化自己的情绪，试图在挫败的心理情绪中为自己疗伤止痛，挣回作为本该负担养家糊口责任的男人的面子。

如果你爱他，请一定要理解这一点。除了帮助他渡过心理的难关，千万不要用相同激烈的情绪去回应他，不要在相同不理智的心理情况下，发生争执，扩大事端，造成无谓的缝隙，并为了莫名其妙的理由伤害了自己和你所爱的人。

请相信我，当你的男人在每一次莫名其妙的情绪发泄中发现你的成熟和宽容，他会更尊敬你，更依赖你，更珍爱你，同时也会在岁月的成长中，学会看见自己的价值并相信它。而最终享受这一切美好成果的，当然是拥有成熟智慧、信奉爱与家庭价值的你。

轻松而愉悦的性生活。

除了学会妥善地处理好两个人的情绪之外，还有一个对忙碌焦虑的上班族来说，比较尖锐而敏感的问题——性生活。所有婚姻专家都同意，性生活是否和谐，是 30 ~ 40 岁双生涯夫妻要面对的严峻课题之一，尤其是当两人都有忙碌的事业，都承受焦虑的生活与工作压力时，这个问题更明显。

我曾经处理过一对在工作上十分出色的夫妻的问题。他们有个可爱的 3 岁大的儿子，做妻子的告诉我，自从生了儿子之后，他们性生活的质量和数量都每况愈下，而且在公司担任高级主管的先生，还不断偷腥，让她倍受羞辱。在最近一次先生的偷情事件发生后，她坚决提出离婚，可是先生却声泪俱下地跪地求饶，告诉她那只是发泄压力的方法，他心里最爱的还是她和孩子。

很多婚姻心理学家都会一再地“警告”届临中年的夫妻要注意堪称

幸福风向标的性生活，我也常常被问及幸福的婚姻该有什么频率的夫妻生活。我的答案也许会让你们吃惊，因为我并不认为夫妻之间一定需要什么样的做爱频率才算是幸福美满，我也不希望忙碌的夫妻认为没有什么样的频率就表示自己有问题。

事实上，维系夫妻关系的是亲密、彼此相属、互相爱恋的情感需求，这些需求当然可以从性关系中得到满足，但是同样的也可以从亲吻、拥抱、呢喃、欢笑中得到满足。对于两人都是忙碌上班族的夫妻来说，如何在工作之余、照顾孩子之余，在时间已被压缩的家庭生活中，维持亲吻、拥抱、欢笑和谈话的习惯，远远要比只是例行公事“泄愤”一般的性来得更实惠。

在这里我试着描绘一个温暖的场景和你分享我的看法：

吃完晚饭后，好不容易把孩子送上床的疲累的妻子走进厨房，同样疲累的先生还在水槽前奋力地洗碗。疲累的妻子走到先生背后，静静地将整个身体贴在先生的背上，双手环绕着他的胸膛，先生继续洗碗，可是胸膛间的起伏却足以让人心神荡漾。

是的，这就是我喜欢的场景，不需要太用力、太刻意地去完成什么，只要时刻让彼此知道：我爱你，我真享受和你在一起的时光。

还记得刚才那个不断偷腥的丈夫吗？我知道他的问题在哪里。

许多心理挫败男人在面对能力优秀、气势逼人的妻子时，为了证明自己的男性主宰力量，会产生“狩猎”的欲望。他的狩猎，只是一个图腾，一个证明自己男性力量的象征，但不一定希望能取得结果。他们的目的不一定在于离开家庭，或已经失去对妻子的爱情，他们只是利用原始的能力去确认自己的价值，确认他还具有“虏获”女人——这个“低等动物”——的能力和权力。

所以，如果你想让他安分地待在身边，就尽量不要让他产生需要去证明自己阳性能力的机会。我知道上了一天的班，又和孩子折腾了大半天，身心俱疲的我们实在已经没有任何想说话的闲情逸致（实际上，他也和我们一样，累得只想趴在床上），但是你们能不能试着在睡觉前说一会儿话，温柔地抱抱，亲昵地爱抚，分享个可以一起大笑的笑话？哪怕只有几分钟，都能更新彼此的爱意，并且消除他心中“大女人”的疑虑。

另一个危机。

在双薪家庭日渐普及的今天，男性对自己妻子出外工作的事实大抵都能接受，有些成熟的男人，对于妻子拥有辉煌的成就，只要光芒气焰不至于压迫到自己的头上，收入又有助于生活，大半也都乐观其成。

但是这种态度往往必须根植于一个先决条件之上，那就是“一切顺利”。所谓的一切顺利，就是指男人本身的事业也顺利发展，而子女的教育、学业、行为，也都在健康、安全和顺利的情况之中。否则，很多时候，女性的工作收入不管对家庭有多大的帮助，平日里如何辛劳努力，只要孩子一发生状况，她往日的“功绩”就立刻沦为被男人指责的罪行。

美国“全国意见研究中心”一项针对两百个有学龄前子女、家庭有两份丰富收入的职业母亲进行的调查研究显示，有四分之三的受访者表示，一般情况，她们的配偶会倾听她们叙述和工作有关的问题，赞成她们把握工作机会，对加班也没有太大的意见。

不过这份调查也发现，当孩子在学校出现问题，或有健康情况发生时，丈夫对妻子的支持就立刻明显地减少，让妻子无法像往常一样安心地上班。心理学家对这项调查结果的解读是："这显示做丈夫的到了某种程度还是会责怪妻子没有照顾好孩子。他们的潜台词是，如果你不出去工作，这种问题就不会发生。"

尽管男人迫于现实需要，或为了表现风度，平时会大方地承认妻子的成就。但基本上，在他们的内心深处，还是会对妻子因工作而疏忽了家务，忽略了他，对子女不能专心管教而产生不满，并且找到时候就借机发泄。所以我们常会听到一个义正词严的爸爸这么责怪那个唯唯诺诺的妈妈："你看，这孩子都是你给宠坏的！"好像管教孩子全是女人的事。

说到底，我们毕竟成长生活在父系社会里，这些不公平的角色压力似乎也只有逆来顺受。想想看，素来高举女权主义的美国，都有四分之三的职业妈妈承受这样的待遇，对于向来高唱男权、千年古国的我们，深藏在骨子里的想法更是不言而喻。

所幸今天的女人已拥有调剂身心平衡的意识和方法。就让我们在某个阶段，为了爱、为了他、为了孩子、为了家庭，多承受一些，也多付出一些努力吧！

属于我自己的第三期

当身为父母或为人子女的经济责任告一段落，在没有那么大、不容出错的压力卸除后，我们或许就可以闲适地靠着椅背，为自己考虑得更多一些了。

我自己在儿子完成了大学学业，开始半工半读他的研究所课业，不再需要我们负担学费之后，才终于快乐地宣告，美好的仗已然打过，属于自我的时刻终于来临。

如今，我的事业已进入到第三个厚积薄发的时期。我们公司转型为销售我和先生都坚定信任的环保产品，虽然获利甚微，但做自己喜欢做的事的快乐与成就，却让我们满心欢愉。现在的我，把大部分的时间花在我热爱的写作和芳香疗法教学工作上，并且在毫无心理负担和较少经济负担的情况下，选择自己喜欢的工作方式和工作内容。

因此，才 30 多岁的你，不用担心自己一辈子都会如此平淡庸碌，也不用羡慕我可以这么从容淡定、气定神闲地过日子。每个人的一生都有阶段性的任务和使命需要去履行，我已经做好大部分职业生涯需要做好的功课，而现在的你，则正才要开始呢！

你清楚知道自己要什么吗？

我不知道你是否能从我个人的人生经验中得到一些启示。不过，就像我在前文中说的，当选择关乎个人的价值观时，答案没有对错，只有适不适合自己。我因此常给遇到事业与家庭孰轻孰重困惑的年轻女孩这样的建议：你清楚知道自己要什么吗？

当然回答这个问题时不可能只有感性的考量，它毕竟牵涉到家庭其他成员的共同利益，所以理性的判断也必须给予足够的尊重。

你可以试着这么做：

在一张 A4 大小的白纸上，分别写出向左转或向右转的利弊得失。我喜欢教给在困惑中的人这个方法，因为当遇到左右旗鼓相当的选择题时，如果只是坐在那里试图“想”出答案，只会让自己更陷入感情的脑子里，弄得思绪更乱。可如果硬是强迫自己在白纸上写出利弊，就会逼自己回到理智的脑子里去分析得失，帮助自己在更清晰的思路中选择比较正确、两害相权取其轻的答案。

当你分析了利弊得失，并据此选择了答案之后，接下来唯一要做的事，就是为自己的选择负完全的责任。

我发现这是应付情绪压力最好的方法。当生活或工作中遇到窒碍难行，让我陷入负面情绪的泥沼中时，我常常安静地反问自己："金韵蓉，这是你的选择吗？"如果我在没有被胁迫、处于自由意志的情况下做了选择，我当然要为自己的选择买单，为自己的决定负责任。我没有怨天尤人的权利，因为那是我自己做的决定，是没有人拿刀架在我的脖子上逼我做的决定。所以，除了自己，我还能找谁负责呢？

试试看，当你转变了看待事情的情绪角度之后，也许事情仍然让你头疼，情况也依然让你伤心，但你面对它的勇气会大不相同。当你知道没人可以埋怨，没人可以嫁祸，只有自己直面以对时，你就会挽起袖子开始干活，而不是于事无补地怨天尤人，悲哀地坐在那里被害人害己的"苦命情结"给掩埋了！

最后，亲爱的孩子，我知道现实生活中，除了对自我成就的满足之外，很多时候家庭确实需要多一份收入，多一点帮补。我们因之既承载了子女教养的大部分责任，又承载了负担家计的相同责任，这对年轻的你来说，确实是辛苦而沉重的负荷。但是请相信我，这样的付出绝对是值得的。当你到了我这个年纪，回头数算自己的年轻岁月时，一定会快乐而骄傲地发现，自己的付出是何等荣耀且有价值的事。而且当我们逐渐淡出事业，仍然环绕着我的肩膀、与我一同享受那丰美果实的，也绝对是我曾经奉献爱与能量的那个人。

生涯规划

许多现代女人早就已经不再遵循传统妇女一脉相承的道路行走，她们选择了更独立自主的生活方式，不结婚、结婚却不要孩子、要孩子却不放弃工作……因此，在她们的生涯规划中，获得事业上的成就，是一件更具有价值和意义的事。

男女大不同

女性毕竟和男性不同。我说的不是能力上的不同，而是思维方式的不同。我先列举一些思维上，男女有别的典型反应：

工作上出了差错。他会找出犯错的人，她却会疑心："是我哪里做错了吗？"——女人更善于自省。

领导大发雷霆。他会想："哼！至于吗？"她却想："希望我不会被炒鱿鱼！"——女人更倾向于服从权威。

他们都加薪了。他想："以我的能力，我的薪水应该更高。也许年底我的红利会很可观！"她却想："能加薪真好，老板对我真好。"——女人更容易感恩。

他发火时，部属认为他是工作过量、压力太大；她发脾气时，部属却认为她生理期快要来了，荷尔蒙分泌失调。——女人更容易被贴上性别的标签。

她不敢喝两种以上的鸡尾酒，怕酒醉后失态；他却可以放开怀来，喝得酩酊大醉。——女人受到更多的社会束缚。

在餐厅进餐时，服务员把账单交给他，而不是她——女人在金钱上是接受者。

他的已婚身份，被认为是成熟和负责任的象征；她的已婚身份，却被认为是对工作的不再投入。——女人永远摆脱不了家庭第一、工作第二的既定印象。

他早上找不到西裤时，问她在哪里，她马上帮他找到；她喃喃自语地说找不到丝巾时，他却充耳不闻。——女人更愿意为别人服务。

孩子在学校发生问题时，老师打电话给她，而不是他。——孩子是妈妈的，爸爸只是备胎。

她一旦有了孩子，就要负起养育孩子几乎所有的责任；他只是在离婚后才有责任。——再说一遍，孩子是妈妈的，爸爸只是备胎。

明白了吗？男人与女人的思维方式、情绪反应、社会角色真的有所区别。所以我们在事业上埋首冲刺时，就要懂得如何发挥自己的优势，以及如何调整自己的弱势。

有关女人如何在向来以男性为首的职场里获得成功、如何成为优秀的专业人士等等女性成功学的话题，坊间已有为数可观的著作可供参考，我在这里就不再赘述。我所关注的是，在高度竞争的职场中，我们如何能与自己的心理情绪愉快地相处，成为一个既成功又幸福的快乐上班族。

不要自我设限

别人歧视女性，是阻碍我们成功的外来因素，可女性若对自己设限，就是自讨苦吃的内在心理因素了！

从心理学的角度来看，女人的自我设限体现在以下几个方面：

矮化自己的自我设限。

这是“臭男人”最喜欢攻击我们的弱点。你只要翻翻书报亭的各种女性书刊，就会明白我的意思了。

我总认为，女性杂志是打击和误导女人的元凶之一（最大的元凶是我们自己）。它让我们对自己的状况惶惶不可终日，总是焦虑地想：我是不是嫁不掉的剩女了？我的性生活是不是非正常了？我是不是恐怖的女强人了？我的臀部会不会太大了？浪漫的情人节该怎么过了？先生是不是有外遇的征兆了？我是不是不够性感、该换个发型了？我的星座说什么了……

这些话题、画面，一而再、再而三地出现，搅得女人心思混乱、无法专心。男人不会担心自己的臀部是不是太大、发型是不是性感、女友是不是不够爱自己了，他们能更专注地考虑自己的专业，而不是担忧哪里又出现问题、哪里又不够完美了！

当然，作为女人最大的乐趣之一，是能享受生活中细微的点点滴滴，同时我们也确实需要注意自己的外在形象。不过，这些提醒只能作为我们的参考，不能牵着我们的鼻子往前走，更不能影响我们对自己的评价。我自己是个公司的负责人，所见的年轻女同事不在少数，我非常清楚当女人过度地牵挂自己时，会如何影响工作和让人觉得可惜。

曾经有个我原本十分看好，也有意栽培的女孩，每天上班都需要男朋友亲自到公司楼下接送，她并不是刚从外地到北京来生活，也在其他公司工作过好几年的时间，所以男朋友的接送并不是为了安全的考虑，纯粹只是因为表示对她的宠爱，而她也极为乐意让公司其他女同事充分理解这一点。

让我无法继续忍受，决定忍痛辞退她的重要原因是，有一次她陪我到外地出差讲课10天，所负责的工作只是联系各地邀请方的负责接待人员，除此之外，当我在讲台上声嘶力竭地站着授课时，她只需要坐在台下安静地听我说话就行。可是当我们回到北京之后，我却在第二天的早上接到她男友的电话，要求为她请假三天，原因是：她这趟出差累坏了，需要休养几天！

所以，我对打算争取事业成功的女人的忠告是：别太矫情，先学会做人，再学会做女人。要不然，就找个有本事、疼爱你的老公，在家当少奶奶算了！

情绪化的自我设限。

女人比男人有更多取悦他人的倾向。我们比较在乎别人怎么看我，喜不喜欢我，觉得我能不能干，如果感觉自己不受欢迎、不被重视、不够聪明，就难过得不得了，好像泄了气的皮球一样，失去了继续弹跳的动力。

作为领导和老师，我真的很烦去安抚“心理受伤”的女同事，也很烦去安慰“没有自信”的女同学。有一位毕业自重点外语学院、英语专业八级的女孩应聘到我们公司上班，负责我先生和外国供应商的书信联络事宜。才第一周上班，她就已经哭了两回，第二回还在厕所里待了半个多小时才红肿着眼眶出来。

她受伤哭泣的原因很简单：第一回是我那英语书写能力也很流利的先生，改动了她的几个文法错误；第二回则是她从网上下载了一个电脑软件，不小心让电脑中了病毒完全死机。让人啼笑皆非的是，她在第二回的错误还没有被大伙儿发现之前，就已经自己崩溃地进卫生间哭了半个多小时！

我套用一位也是经营企业的男性朋友的话说：“我每天回家安抚我情绪化的老婆也就认了，如果我还得在办公室里安抚情绪化的女员工，那我真的就是疯了！”情绪化的女人，请切记！

对号入座的自我设限。

有些女人很喜欢无限上纲自己在职场上所受到的待遇，她们像刺猬一样对“女权”“性别歧视”有着异乎寻常的敏锐触觉。只要遇到任何自己认为不公平的事，就马上搬出维权的态度力争到底。

和男人一样受过教育、工作能力毫不逊色的我们，当然不能忍受在性别歧视下的不公平待遇，对因性别而衍生出的种种办公室问题，也当然绝不能逆来顺受、坐以待毙。但我们不能在高举的女权旗帜下，为反抗而反抗，一遇到事情就自己往前冲地对号入座。

我就见过某个办公室里人称“圣女泼妇”的一位中层主管，在还没有见到她之前，我一直以为她是个清汤挂面、素面朝天的忠贞女干部模样，可是当她的同事挤眉弄眼地为我俩介绍认识时，却发现眼前站着的，是一位风姿绰约、装扮入时的性感女星。我当时真的很想告诉她，男同事们在背后是怎么议论取笑她的。她没有太多男性的朋友，可惜的是，因为她太容易生事，因此连女性同事也走得不近。

我再套用那位男性领导说的话："其实男人啊！没想那么多，你们别削尖了脑袋自己硬往性别歧视的帽子里塞。干吗没事找事呢！"

拘泥于性别角色的自我设限。

办公室里要是有个会做菜、人又热情大方的女同事，大家都享福。她时不时地从家里带来自己烘烤的小饼干、自己炖的霉干菜烧肉、自己研制的花草茶，吃得同事们各个心花怒放，一不留神，就把她当成了自己家的阿姨使！

我向来主张，女性在职业角色和生活角色上必须合理地泾渭分明。因为我们付出的是和男同事一样的智慧和勤勉，虽然现代工商管理都强调女性柔性的管理天赋，也推崇女性温暖的人性化力量，但这并不表示我们就必须得是办公室里负责安抚芸芸众生的居委会大娘，或是那个有点白痴的、吃苦耐劳的、总是为别人的事担心哭泣的阿花。

女性的柔性力量是体现在我们圆融的处世态度、温暖的宽容胸怀、为母则强的勇敢坚韧以及玲珑剔透的情绪智商上，这和我们是不是个好妇女无关，只和我们是不是个好专业人士有关。而且，如果我们给了公司领导或同事们一个热心公益、好心肠的居委会大妈的印象，在遇到公司考虑提拔人才时，就会很容易地被忽略掉。因为对他们来说，人人喜欢的大妈和穿着职业套装、干练地处理危机，是两个截然不同的印象，我们会因此而莫名其妙地失去了再上一层楼的机会。

不敢做梦的自我设限。

尽管生长在21世纪的女人早已挣脱了男尊女卑的传统旧社会枷锁，但骨子里，女人还是害怕成功，有的心理学家甚至分析说，女人在内心深处还有破坏成功、向往失败的潜在心理。

为什么女人会害怕成功呢？原因其实并不难理解。因为我们害怕比男人强，当我们比男人强时，我们担心自己就不再是个小女人，就不再需要男人坚强有力的臂膀和胸膛，或者男人也就不再愿意提供坚强有力的臂膀和胸膛，我们也就因此变得不再幸福。

就拿我们对事业卓然有成的女人的态度来说吧！

当我们看见一个事业卓然有成的女人时，在艳羡（和小小的嫉妒）她的成就之后，我们会立刻想知道：她的爱情顺利吗？她的婚姻幸福吗？

如果答案是不顺利、不幸福。我们就会叹口气，心满意足地靠着沙发，心里颇为安慰但又故作遗憾地说："唉！我就知道。不容易啊！"

可如果答案是很顺利、很幸福。我们就会狐疑地再问："真的吗？我看不像，说不定她隐藏得很好。我看不一定幸福，你看她疲倦的样子就知道。说不定她的孩子不成才，你想想，她那么忙，怎么有时间照顾孩子啊？！"

总之，女人怎么能又有成就，爱情和婚姻又幸福呢？！（潜台词是，她那么能干，哪个男人受得了她啊！再说了，天下哪有这么好的事都给她碰上了！）

那么，我们会不会看见一个事业卓然有成的男人时，也发出同样的问题？

答案你我都心知肚明。不会。因为我们相信男人事业有成是天经地义的事，女人事业有成，则需要付出爱情和婚姻不幸福的代价。

我可没打算在这本书里公然挑战这个约定俗成的想法，也没打算让你连根拔起这个安慰自己的阿Q心理（我也是女人，也一样有这种安慰自己的阿Q心理）。我只是希望，我们不要被这种不敢梦想、不敢拥有、不敢争取、不敢承接的心理给束缚住，试着给自己比较宽松的心理环境，努力学习双赢的人生态度和方法，在尽可能的最大限度下，给自己创造辉煌璀璨的个人生涯。

PART 05

关于身心灵

所谓“一分耕耘、一分收获”

对于生理年龄已然迈入三十大关

皮肤、身体各项状态确实已逐渐走下坡路的我们

需要对维持自己的容貌和外表做些必要的努力

从小时候开始，每年除了各个节假日，最喜欢的日子就是自己的生日，这大概因为我是个总希望能得到礼物的人，不仅是家人和朋友的礼物，还有其他的。比如，11 岁时，我得到了开始发育的胸部；13 岁，我好看的大长腿初显形状；22 岁，我不再婴儿肥了；26 岁时，我的五官长开了，整个人都变得清秀。女人是一直在变化的，而如果把生日作为人生的节点，就能更明显地感到时间给了我们许多。

不过，我这种期待生日和礼物的心情已经很久没有过了。回忆一下，大概是从 29 或者 30 岁的生日开始的吧。那一天，我和朋友们聚会完，吃了一肚子蛋糕，快快乐乐地回家，却在洗漱镜前得到了有生以来第一条皱纹，不是一笑才有的表情纹，而是顽固的怎么看都看得到的皱纹！它好像一夜之间就冒出来了似的，或者之前就有，只是我还沉醉在年轻的梦里没去注意。

我当时大叫了一声，马上拨电话给刚刚分开的闺蜜："喂，我长皱纹了！"

"恭喜你成年了，以后要多注意保养，30 岁的人了，要真正知道爱自己了。"

闺蜜大我两岁，听那稀疏平常的反应，大概这种残忍的遭遇她早已碰到过了吧！

"可是，我虽然知道迟早会长皱纹，但当它出现在我脸上，还是觉得不能接受啊！"

"你可以去打一针抗皱针！不过才一条皱纹就吓成这样，以后你脸上还会动不动就长斑，熬个夜眼圈就黑到不行，身上皮肤也会开始松弛……"我的朋友还在继续悚动地言语，比起劝解更像是受够了后的吐槽。我哀叹一声，开始后悔打电话给她了。

总有一天，我们不得不承认，自己和20多岁的时候再也不一样了。如果之前的每一年，神仙都馈赠我们礼物的话，那么现在的每一年，神仙就都在取走我们的东西。之前我总是不劳而获：谈个恋爱，皮肤就变得闪闪发亮；熬一个夜，清水洗个脸就能赶走憔悴的面容，没准连熬几天还能得到消瘦的脸型。而现在呢？我用了翻倍的银子购买护肤品，用了翻倍的时间熬汤养颜，用了翻倍的精力研究自己的身体和脸，却依然在感受“失去”：渐渐失去皮肤的弹性，渐渐失去有致的腰身，渐渐失去一度自豪的“无毛孔”脸颊，渐渐失去手脚的柔韧……

而最重要的是，我开始失去安全感了。

以前和男友走在街上，他偶尔为哪个擦肩而过的美女回个头，我还跟着他品评赞叹一番，现在只要他眼睛瞟出去，我就不由得冷嘲热讽，说些“年轻小姑娘就是皮肤好哈？”之类口气酸酸的话。有一次把他说急了，他回敬道：“你老这么说，不是不相信我，而是不自信吧！”

虽然他说完之后马上后悔地道歉，我还是瞬间就黯然了，像个泄了气的皮球。

从那天以后，我的焦虑更严重了，一有时间就在网上搜索各种美容方法，今天跟着潮流吃杏仁，明天按着秘方敷面膜，后天用冷热水交替洗澡，隔两天又尝试着运动瘦身。但镜子前的自己似乎没什么起色，反而因为频繁的折腾闹了几次过敏。男朋友笑我，我就又生起气来。“你别像个刺猬似的，长几条皱纹我也还是爱你。”他把双手放在我肩上，两眼深深地注视着我。我心里一瞬间找到了踏实，但是马上想到自己眼角下的斑也被他看到眼里了，慌忙挣脱他的手，别开了脸。

以前真的不知道，一过三十，岁月像疾驰而来的列车，虽然看起来还远，但那声音已够你六神无主了，当你知道青春美貌终会被碾得粉碎，大概在那一天来临之前，我们自己已经先被焦虑和紧张折磨死了吧。

某个夜晚，忽然觉得孤独，想起了许久没联系的闺蜜，于是打了个电话给她，铃响了许多声，电话才接起："喂？"听声音朋友好像很吃力。

"你怎么这么久才接电话呀？"我问。

"咳，我想练练瑜伽柔韧筋骨，结果急功近利，拉伤了腰……"

我们沉默了一会，就同时笑了起来，这笑声五味杂陈，只有 30 岁以后的女人自己心里明白。

近日，有一份针对女性如何看待自己是否美丽的问卷调查出炉。这是一个跨国化妆品公司全球性的调查研究，他们委托了全世界最知名的调研系统，针对女性对美丽的看法做了种种研究分析。

在亚洲地区，他们面对了 12 个国家、共有 2400 位女性做了研究（全球则有 21 个国家、5600 位年龄从 15 岁到 64 岁的女性受访）。这项研究报告所分析的主题有以下四点：

1. 全球各地的女性如何定义美丽？

2. 全球各地的女性对于自己的美丽有多满意？

3．全球各地的女性如何看待社会所界定的美丽标准？

4．美丽的定义如何影响她们的生活？

调研的结果跌破了大家的眼镜。因为全球居然平均只有 2% 的女人满意自己的外貌，认为自己是美丽的；而且竟然平均有高达 42% 的女人，当她被人描述是美丽的时候，会觉得很不自在。

那么，在全球女人的心目中，美丽的标准是什么呢？普遍的答案是：高挑、大眼睛、丰满的胸部、纤细的腰、修长的腿、纤瘦的骨架，以及亚洲女性几乎共同一致的答案——白皙。更让人扼腕的是，亚洲女性认定自我是否美丽的标准，有 73％取决于自己的先生、男友、异性朋友以及同性朋友的定义，也就是“我是否美丽，得由我的男人说了算”。

还好，可喜的是，也有高达 67％的女性，强烈地认同一个事实——“媒体与广告设定了一个广大女性无法达成的、不切实际的美丽标准”，以及“今日世界的美丽标准十分狭隘”。

我喜欢看见这个觉醒。因为，是的，别说是还年轻、容易被动摇左右的你们，就算到了远远超过不惑之年、应该已经拥有知天命境界的我，也还是常常被画报上的美丽女子击败，对自己不够白、不够瘦、不够丰满而自卑懊恼不已。

我相信年龄还轻的女孩可能无法想象为自己逐渐发福的身材，或逐渐松弛的皮肤感到挫败是什么样的感觉。但是根据皮肤学专家的解析，26 岁，是女人皮肤健康状态的关卡，26 岁之前，被忽略照顾的皮肤很容易自我修复，可是一旦过了皮脂腺分泌开始下降的 26 岁之后，“种瓜得瓜、种豆得豆”的因果关系就变得十分明显，如果此时不给予皮肤适当的照顾，那后果真的就得瓜豆自负了。

至于过了 30 岁的女性的皮肤和身材保养，有“坏心”人用了“内外交逼”来形容状况的窘迫。我虽然讥之为刻薄，但又不得不承认它确实有些许道理。

我们姑且不论年过 30 的女子在皮肤和身材上的生理变化有多么“衰退”，但从这个年龄段的女人所承受的内在压力来看，也大概可以揣摩出端倪。

就像我在我的序文中说的一样，“30+”是女人一生中最困惑的岁月。在这 10 年间，有许多个“第一次”发生。面对这些毫无经验的第一次，在生活中，我们欢喜、快乐、幸福，但同时也担忧、焦虑、恐惧；在职场中，我们被要求承担更多的责任，不再被看成是没长大的孩子，也不再有人为我们阻挡风雨，甚至得开始负责带领更年轻的新人。

为了应付这些无形的精神压力和体力劳累，疲惫的身体会不断向内索求能源供应，造成各种应急激素被刺激得过量分泌，例如负责提供行动力和兴奋神经系统的肾上腺素和甲状腺素，就会大量分泌来应付身体工作的需要。可是过度透支这些激素的后果，就是让皮肤变得燥红、细薄、敏感、缺水以及油腻。而这些可怕的形容词正是导致皮肤老化的元凶！

因此，每当有人问我女人是不是应该关注皮肤保养的问题时，我总是回答说，如果我们生在我们祖母或母亲的那个年代，对于皮肤和身材的保养可能可以偷懒一些，可是生在现今这个什么都要求速度和结果的年代，这个懒可能就不能偷了。更何况，除了身体内在的情绪压力之外，我们所生活作息的大环境，我们所呼吸的、所吃的、所用的甚至所穿的，也都对皮肤造成一定程度的损害。

所以，对于生理年龄已然迈入三十大关，皮肤、身材各项状态确实已逐渐走下坡路的我们，还是得对维持自己的容貌和外表做些努力。所谓“一分耕耘、一分收获”，对这个年龄段的女人来说，尤其是精准而到位的写照。

基于目前书店里已经罗列了洋洋洒洒有关如何保养皮肤、如何维持美丽的圣经和宝典，我因此不想再花篇幅来介绍这些日常的护理要点和护肤方法。我比较希望能从“健康的身、心、灵”的角度，来看看在日常护肤保养之外，如何能从这个切面来获致青春美丽。

睡得更好

所有女人都会同意下面这句话："如果我昨晚睡得很好，今天皮肤就看起来透亮白净。"

这句话对年过三十、生理循环功能已逐渐下降的女子来说，尤是一针见血。我们 20 多岁时，熬几个夜都不是问题，可年龄一过三十，偶尔熬个夜就立刻坐收成果，得用好长时间、好多保养品才能把黑眼圈给请下去。从前老人家总说睡觉能养人，睡眠不好真的是破坏美丽的冷酷杀手，想要美丽，就一定得睡得更好。

常常有朋友觉得我的状态还不错，比实际年龄看起来要年轻一些，所以总是打听我有什么保养秘诀。实际上，我的保养秘诀很简单，其中最重要的一点就是，我的睡眠挺好的，大抵每天都能熟睡七八个小时。

你需要多少睡眠？

每个人需要睡眠的时间都不相同。大部分的人睡 7 个半小时最理想。有些人睡 6 个小时就觉得神清气爽，但是有的人则需要 8 到 10 个小时的睡眠才能正常作息。

所以对于你需要多少睡眠？重要的是你的感觉，而不是你睡了多少时间。如果你白天很精神，觉得休息得很好，而且身体一切运作良好，那么你的睡眠就足够了。

如何睡得更好？

我接下来所提供的睡眠自助技巧，是由两位医学专家，神经内科医师戴维·S·索贝尔（David S. Sobel）以及心理学家罗伯特·奥恩斯坦（Robert Ornstein）所建议的，经过临床证明有75% ~ 80%的成功率。这些技巧能够帮助我们很健康地睡觉，还能帮助皮肤拥有年轻的光泽和质地。不过，尝试这些方法时，不要只试一个或两个晚上就放弃，至少要给自己2周到4周的时间。如果能坚持10周至12周之后，就会有显著而长期的改善。我已经用这个方法帮助了很多受失眠困扰的朋友，她们的反馈都很棒。

晚上要睡得好，首先得纠正一些错误的观念：

"我得努力地睡着，要专心地想着睡觉。"

事实上，我自己偶尔也有这样的经验：你越想睡觉，就越睡不着觉；越着急数着还有几个小时可睡，就越着急得睡不着觉。

"惨了！我昨天晚上一点儿也没睡。"

我们不太可能一点儿也没睡觉。事实上，就连患有重度睡眠困难的人，每天晚上也都睡了几个小时的觉。专家说，我们可能高估了自己入睡所花费的时间，却低估了睡着了的时间。所以，可别自己吓唬自己。

"我如果现在还不立刻睡着，明天就一定不成人形了！"

事实上，就大部分的人来说，连续几个晚上的睡眠不足是不会影响表现的。会影响表现的是我们内心的焦虑和睡不着觉的挫折。所以如果我们告诉自己：没什么大不了的，不过就是几个晚上罢了。那么它就不会这么张狂地影响我们，我们也不会得失眠恐惧症了。

睡觉前不能做些什么？

不沾任何与兴奋剂有关的东西。

咖啡因　有睡眠困难的人，睡前6～8个小时要避免咖啡因的摄取，如，咖啡、茶、巧克力、可乐饮料以及含咖啡因的药物。

药物　有些药物可能是造成失眠和不安的原因。如鼻塞药、抗忧郁剂、气喘药、甲状腺药物、减肥药。

酒精　睡前一杯酒，可能可以让你想睡觉，但是也可能会扰乱深度睡眠，让你在夜里醒来。

尼古丁　烟瘾君子往往比较难入睡，而且睡眠中断的情况也比不抽烟的人多。这是因为睡眠期间血液里的尼古丁含量降低，所以干扰了睡眠。

食物或饮水　睡前尽量避免吃很多东西，睡前几个小时也要减少喝水的量，这样可以减少起来上厕所的次数。

不要太动脑子。

有睡眠困难的人，睡觉前至少30分钟之内不要动太多脑子。不要看会影响情绪的电视、书本，更不要想工作的事，免得脑细胞过度活跃兴奋而影响睡眠。

不要做让自己身体温度急剧增加的事。

例如剧烈运动、热水澡、蒸汽浴等等。这些能增高体温的活动，确实能帮助身体的血液循环，有助于睡眠，但是必须在睡前几个小时之前完成，否则高体温也会影响入睡。

还有，呵呵，请记得，床，只是用来睡觉的地方。

很多睡眠不好的人，究其原因，往往只是因为把卧室用来当作所有用途的活动中心：讲电话、写邮件、想公事、计划明天的活动，甚至吵架。所以一进到卧室，感受的不是睡觉，而是繁重的情绪压力。所以，要学习把自己的床和放松以及宁静的睡眠联想在一起。要实行这个步骤很简单，你只要：

坚决让你的卧室只用来放松、从事愉快的活动和睡觉。

任何有压力的事都不可以带进卧室里。

不要把卧房拿来吵架、吃东西、担心、讲电话，或做其他兴奋的活动。（当然，愉快而放松的性爱除外！）

真的很想睡时，才把电灯关掉。如果你在 15 ~ 20 分钟内还没有睡着（只是预估，别盯着闹钟看），起来做个放松活动，之后再上床睡觉。不要强迫自己直挺挺地躺在床上等待睡觉，那样会有不必要的挫折感。如果你如此反复起来两三次才能睡着，那就表示你太早上床睡觉了。

如果你很清醒，心思也很活跃，那么就离开卧室吧！去做一些让自己放松的事，觉得想睡觉了，再回到卧室里去。

如果你半夜醒来，暂时不能入睡，那么也离开卧室，想睡觉了再回来。

总而言之，原则是，床，只是用来睡觉的地方，少耗些其他的时间在上面。

建立自然的睡眠节奏

另外，还要训练自己做一件事，那就是不管你几点上床睡觉，都要在固定的时间起床。这是训练自己体内时钟和睡眠节奏的方法。记得，不管你睡了多久、晚上起来多少次，即使周末或假日，也务必在同一个时间起床。

方法是：

先确定好几点起床最能让你气定神闲地开始一天的工作。

预估自己的充足睡眠大约需要几个小时。

把起床时间倒算回去，看看需要几点上床睡觉。记得，不要提早上床。

如果在计划的上床时间前就已经想睡觉了，熬着，做些能保持清醒的放松运动。

如果你还是无法快速入睡，或者睡得不安稳，那就再减少自己在床上的 30 分钟睡眠时间。晚半小时上床，但按时起床，因为你需要的睡眠时间可能比你想象的要少。

几个星期以后，你可能发现自己已经比较容易入睡，而且睡得比较安稳，但是白天却还是很累。现在是试验提早 15 ~ 30 分钟上床的时候了。

你就这么一直试，一直到找到自己睡眠所需要的最适当的时间，并且养成习惯。

刚开始你可能会觉得很糟，觉得很疲倦，但如果你忠实地遵循这个方法三周以上，就会发现它妙不可言的好处。最重要的是，你睡得很熟，不会在辗转反侧的挫折上浪费时间，也不会担心自己睡得不够，更不会被睡眠的恐惧所控制。如果你能够掌握自己的体内时钟，那么不仅可以有多出来的时间做其他的事，提高工作和玩乐的效率，也能保持自己在睡眠充足滋养下的美好状态。

最后，别忘了还有芳香精油可以帮助你。檀香木、薰衣草、罗马甘菊、橙花、杉木、甜橙，都是可以在卧室使用、帮助睡眠的安神精油。使用它们的方法很简单，根据卧室面积每 5 平方米一滴的剂量原则，只要在一大碗热水里滴入上述任何一种精油，放在床头柜上，我们就能在萦绕于空气里的、美好安适的香氛的引导下进入甜蜜的梦乡。

吃得更健康

我是个很爱吃、很喜欢吃、也很能享受吃的人。我不太喜欢参加饭局，也就是所谓的吃应酬饭。原因是客套太多，太累，而且没法尽情地享受食物。好几次，我和初见面的公事上的朋友一起用餐，他们都被我如此“纯真”的进食方式吓着。因为在他们的想象中，理论上，我应该是个吃得很少、只蜻蜓点水、象征性地夹几根青菜就算吃饱了的人。可没想到，我却是如此专心一致地、正经八百地、实实在在地吃饭，而且还颇为乐在其中。

我有几个走得很近的亲密闺友，我们之所以那么要好、那么投契，很重要的原因之一，是我们都不是吃饭矫情的人。只要有人肚子饿了，吆喝一声，就立马有顿香喷喷的、大快朵颐的快乐晚餐。我们几个都是身兼数职的大忙人，其中两位还是上市公司的老总级人物。可是，我们的状态都很好，看起来都比实际年龄年轻一些，虽然公私两忙，可也都维持了很好的体形和健康状态，至于我们的工作能力和工作效率，那当然更是不在话下。

你知道我们是怎么做到的吗？哈哈！原因很简单，只因为我们都认真地对待食物，并且好好地、健康地吃饭。

我曾经在我的另一本书《美丽笔记》里说过一句如今常被人引用的话：“皮肤是身体的镜子，身体则是心灵的镜子。”在那篇文章里，我列举了三个与心灵有关的最常见的皮肤问题，其中，“皮肤缺水”尤其需要注意。

从心理学身心症的角度来看，皮肤缺水代表了一种内在的匮乏，一种别人看不见、可自己却感受得到的干涸。引起这种干涸状态的原因因人而异，和每个人的生活内容、价值观、成长经验有关，但“节食”“没吃饱”却是现代女人（很多爱美的年轻男孩也一样）最常见到的、共通性很高的匮乏之一。

就像我稍早说的，现今评断女人是否美丽的标准十分狭隘，而且这个标准不切实际到让大部分女性很难达成，或根本无法达成的离谱地步。大众媒体总是用那些骨瘦如柴的女孩来传递时尚，让身材健康正常的女人看了自惭形秽，在极度沮丧自卑的心理情况下，得了“镜子综合征”，也就是在镜子里（想象地）看见一个又老、又胖、又丑的自己。镜子综合征造成的极端情况是：有的女孩因为看见镜子里的自己而不再吃东西，或即便吃了，也把它给抠出来；有的女孩却反其道而行，破罐子破摔，自暴自弃吃得更多。

我之所以能这么精确地描述这种心理，是因为我也是女人，时不时也挣扎于这些让人挫败的情绪之中。我很清楚地知道，当女人三十好几、又生了孩子之后，要继续维持少女清瘦匀称的体态是多么艰难的“Mission Impossible”，而且，逛街买衣服时，当使劲穿也穿不上喜欢的时尚款式时，又是何等挫败而沮丧。

但是，我想提醒你（还有我自己）的是：其实绝大多数的男人没有像我们一样，整天盯着杂志上瘦只见骨的模特儿看。他们更欣赏女人的“触感”。我实际调查过很多年龄在 25 岁到 50 岁之间的男人，他们喜欢女人有细滑的皮肤、弹性的肌肉，以及可以一拥入怀的丰润。只要我们不至于邋遢到拖着下垂的肚皮和好几大圈的水桶腰，略为丰腴的身材是一点都不碍男人的眼的。

再说，长期因为怕胖而吃不饱饭所带来的影响，除了让身体缺乏足够的营养素，造成神经系统的运作失调、器官功能衰竭、荷尔蒙分泌紊乱等等不健康的可怕后果之外，还有更可怕的心理后遗症产生。

根据一份医学报告的统计资料显示，有将近 95% 的女人在长期饥饿的状态下，会产生性格内向、敏感、多疑、偏激、情绪不稳定、无端的挑剔和尖酸刻薄。哇！你想想看，这会是多么可怕的女人啊！我可不希望自己身材变瘦了，却变成了一个尖酸刻薄的女巫婆。到时，先生、男朋友都被我吓跑了，孩子也生活在不安全的阴影中，说不定最后连工作都保不住了。

还有、还有，根据另一份医学报告显示，长期营养不良和饥饿，还会造成一些外貌上的损害，其中最明显的是脱发。因为体内脂肪和蛋白质供应不足，头发会频繁脱落，发色也逐渐失去光泽，这就是为什么许多骨瘦如柴的模特儿的头发都很稀薄和干枯的原因。另外，营养不良也会造成皮肤真皮层内胶原蛋白和弹力蛋白的流失，使皮肤失去应有的润泽和弹性，看起来粗糙、晦暗、松松垮垮的，一副未老先衰的模样。

所以，你一定不可以为了怕胖而不吃东西。如果担心发胖，只要注意进食时摄取的内容，不要一餐吃得太多、太饱，多做运动，多劳动，就可以维持健康和恰如其分的身材，同时又有被蜜糖滋润过的好心情了。

我的饮食建议：

每天或起码每周 3 次，确保能吃 5 种不同颜色的蔬菜（如果家里有小朋友，那就请一定要确保每天都能吃）。

如果在家吃饭，就尽量不要吃用太多油炒过的蔬菜。只要在煮沸的水里氽烫一下，淋上适量、适当的佐料，例如水果醋，拌着吃，就能很健康地收到供给营养素和净肠的双重功效。

多吃一些粗粮。我喜欢把高粱、薏米、糙米、麦子，这些粗粮和大米和在一起煮饭。既容易有饱足感，又营养健康，而且粗粮能刺激肠胃蠕动，有净肠排毒功能。对孩子的发育也有帮助。

如果想吃肉就吃，我们身体也需要动物蛋白质的供应，而且吃肉能让人感觉有幸福快乐的充实感。

如果情绪需要，你可以放纵自己一回。一大桶冰激凌、一大块蛋糕、一大块牛排、一大碗热汤面……都能平复我们不安全、疲惫、焦虑、极度压力的情绪。放心，只要接下来几天吃得清淡一些就能补回来的。

最后，也是最重要的。你一定要享受食物，享受进食的乐趣，慢慢地吃。让进食变成一种乐趣，而不是罪恶。

让身体更清洁

《美丽俏佳人》的编导们曾经在网上对会员做过一个范围很广的调查，调查的主题是哪些身心状况是年龄在 30 岁以上的职业妇女最感困扰的问题。结果位居前几名的困扰分别是：心烦气躁、睡眠不足、排便不顺、口气不好、疲惫不堪、皮肤晦涩、身体肿胀等。

编导们得到这个答案之后请我做个分析总结，我只给出了一个原因——身心不清洁，要排毒。

我们先从医学的角度来看这个困扰现代都市人的问题。人在出生两三天以后，有益菌就在肠道形成了天然排毒、解毒的机能。这些有益菌和肝脏、肾脏、脾脏等器官一起，构成了人体精妙复杂的解毒体系。不过可惜的是，这些有益菌的数量会随着年龄增长、空气污染、太多的人工合成食物、不健康的生活作息、工作和生活压力，以及药物的影响而非正常地锐减，造成天然排毒系统机能退化。

天然排毒机能退化所带来的后果是，有毒物质会滞留在肠道内，并随着血液循环游走全身，造成体内的污染。最常见的症状是：漫布在嘴巴四周的痤疮，两颊片状的黄褐斑，皮肤干涩粗糙晦暗，散布在鼻头和鼻翼两侧的黑头粉刺，无法代谢的多余脂肪和糖分积存在腰腹、臀部、大腿、手臂，宿便形成的口臭、便秘、失眠等。

我相信重视健康美丽的你，一定已经觉察了这个问题，所以市面上才会出现大量所谓具有排毒功能的药品和食品。不过，医学专家们一再地提醒我们，清洁肠道不是吃两三颗泻药就能做到的，它是一个需要悉心养护的过程。这个过程牵涉到进食的内容，例如多吃含纤维素的蔬果；以及能帮助肠胃蠕动的适度运动，例如散步、慢跑、骑自行车、游泳等。

除此之外，我想建议正逢身心压力的你坚持以下的习惯：

早上起来喝一杯用新鲜柠檬片冲泡的温热开水。

新鲜柠檬片是很好的酸碱中和剂，可以帮助体内酸性油脂的代谢。我自己的做法是把新鲜柠檬切片后，放在密封性好的保鲜盒里，放入冰箱，每天早上只要取出一片冲泡就行，不会花太多时间的。

如果可能，每周或隔周用精油泡澡一次。

可以在浴缸里滴入具有神奇的燃烧游离脂肪、洁净排毒功效的杜松、柠檬、葡萄柚各 3 滴。如果有代谢缓慢、水肿的困扰，可以将前述 3 款精油的滴数各减为 2 滴，然后再加入 2 滴丝柏。

如果家里不方便泡澡，那么就自制一款净化、排毒、瘦身油，当作身体保养油每天使用，一方面可以达到净化排毒瘦身的功效，另一方面还能保养身体皮肤。配方是：在 100 毫升的葡萄籽油里，滴入杜松、柠檬、葡萄柚、丝柏各 12 滴。每天或隔天晚上洗澡后抹在全身皮肤上。如果回家后实在太累，觉得麻烦，那就只抹在腰腹部也可以。

白天，即使再想喝点冰镇的东西，也要克制住自己喝太多甜饮料的习惯。

由于体内对糖分的代谢逐渐趋缓，那些无法全然排出体外的糖分，很容易积存在身体的中段，形成橘皮皮肤和救生圈般的水桶腰。所以，一定要尽量控制甜饮料的摄取。此外，太多的甜饮料也会让皮肤出现疙疙瘩瘩的酸性质地反应，让费劲抹了半天的身体乳液完全失效。

另外，对于身处激烈竞争压力中的上班族来说，心理所承载的毒素，例如妒忌、自卑、焦虑、苦涩等等和身体毒素一样多，而且所造成的损害甚至比身体的毒素来得更严重。所以我更关心 30 多岁、正处在职场风暴中心的你，如何排除净化掉心理的毒素。

你可以试着这么做：

认知自己的心理毒素，不要急着否认。

承认并看见自己的问题是对抗它的重要第一步。

找一个最适合自己的方法，把心理毒素发泄出来。

如果你独居，方法可能会多一些。你可以一面大喊、一面用力地打枕头；可以把音乐声开得响一些（注意别吵到邻居的休息），随着音乐大喊大唱、并随着节奏用力地跳舞。如果你有老公、孩子，不能做这些会吓到他们的举动，那就找一部能让你大哭或大笑的片子，随着剧情“合法地”号啕大哭或纵情大笑。

不知道你注意到一件事了没？在我提供的这些方法中，我都强调了“声音”。没错，如果你要发泄情绪就一定要伴随着声音。没有声音，只有动作，只会更激化内在的情绪毒瘤。

用精油来软化、稀释情绪毒瘤。

我最推荐的精油是佛手柑、橙花、甜橙这些柑橘属类的精油。用法非常简单，只要滴 1~2 滴在手帕上，觉得心情不好的时候，用力吸嗅一下，试试看几天之后，它会带领你到什么样的情绪境界。

不要把负面的情绪憋在心里。

约几个你信得过、愿意待在一起闲混的女友，好好地诉诉苦、聊聊天、狂哭或狂笑一番，甚至吃一顿辣得不行的水煮鱼或肥得不行的冰激凌火锅，都能帮助你宣泄压缩在心里的情绪毒瘤。

最后，相信我不是这个世界上最倒霉的人，比我惨的还大有人在。

这句话听起来有点邪恶，不像是个有教养的淑女的作为，不过它确实是值得一试、缓解苦涩的好方法。

享受感官之乐

嗯，这是我维持快乐童真的秘诀，也是我特别想和你分享的事。

你还记不记得上一次到郊外踏青是什么时候的事了？有多长时间没赖在妈妈怀里撒娇了？还记得第一次品尝香浓巧克力的滋味吗？

是的，我们每天赶着通勤，错过了日出和日落的壮丽；在万家灯火的城市夜晚，我们错过了天上的点点繁星；超市里的速冻合成食品和我们原本该吃的天然食物几乎全然不同；老祖先听得见潺潺的流水声和树林间簌簌的风声，而我们却只能听到来往车辆的喧嚣、钻土机的噪音以及震耳欲聋的马达转动声……许多我们原本可以，或应该体验的感官欢娱，却在现代世界中付之阙如。

高度的文明发达剥夺了我们太多天生的感官需求，教人不敢触碰、不识芳香、不辨美味、不听平抚人心的声音，以及不懂得欣赏令人心旷神怡的大自然美景。事实上，人类是利用五官来接受各种外来的刺激，利用五感来察觉各种外来信息的。如果我们的五感所得到的刺激是欢快积极的，便能将这些快乐的信息经由神经，传送到大脑的中枢神经系统，并进而由情绪和意识的改善终而影响生理器官的健康。

所以，请认真看待你的感官，享受感官之乐所带来的好处。如果你有正在成长的孩子，也教导他学会享受感官的乐趣。请相信我，只要他懂得留意和悦纳身边的微小事物，他就能拥有积极的情绪商数，帮助他成熟地面对日后生命中一定会遇到的挫折和困境。

抚触之乐

抚触是一种沟通的形式，它表达的往往是无法言喻的感受。抚摸、拥抱、相互依偎，让人觉得安全和亲密，是心灵满足中最重要的层次。

美国有个很有名、有关抚触能量的研究。研究员将 20 个患有因中度分离焦虑症而受疼痛所苦的孩子分为两组。他们给予所有孩子完全相同的、为期五天的医疗护理，但是，一组孩子每天接受 30 分钟的背部按摩；另一个对照组的孩子则观看 30 分钟的喜剧录影带。结果在五天的治疗完成之后，接受 30 分钟背部按摩孩子的疼痛指数和忧郁焦虑情绪，都明显地比对照组减低，他们睡得比从前好，体内压力荷尔蒙分泌指数也大幅度降低。有趣的是，研究结束之后，连参与这次实验的医护人员们也开始要求接受按摩。

另一个有趣的研究是对早产儿的护理。一群早产儿接受治疗，十天中，医护人员每天抚摸这些早产儿三次，每次 15 分钟。结果这些婴儿体重几乎增加了 50%，比没被抚摸的早产儿提早六天出院。

可惜的是，快速变动的社会结构疏离了人与人之间的关系，根据统计，今天的父母由于常使用婴儿推车，因此抱孩子的次数不及上一辈多，以往父母抚触孩子的主要目的是平抚与安慰，可现代父母触碰孩子的主要目的却是控制和管教。

前些时候，我在一场针对一群位居管理高层、高成就女性的演讲会上，惹哭了许多听众。当时，我只不过是轻声地问了她们一个简单的问题："你们有多久没有被好好地拥抱过了？"我的问题很简单，却触动了她们的灵魂。在她们的灵魂深处，高收入、高成就，远远比不上一个知道"我是如此地被爱着"的深情拥抱，也远远比不上一个"我知道我们彼此相属"的踏实感受。所以，我弄哭了她们。

怎么做?

回家进门第一件事，先给亲爱的他来个紧紧的、真挚的拥抱。

睡觉前，温柔地搂着孩子说睡前故事。轻轻地搂着他的身体哄他入睡。

喝咖啡休息时间，为同事揉揉僵硬的肩。

两手迅速摩擦，然后把温暖的手掌贴在双眼上，感觉在黑暗和温暖中松弛身心的感受。

脱掉鞋子、袜子，走在柔软的草地上，在泥泞或湿润的沙地上动动你的脚趾，漫步穿过拍岸的海浪。

好好享受天气：细雨中，清凉的水珠打在身上的畅快；雪雾里，冰冷的雪花贴在脸上的刺激；艳阳下，被阳光拥抱的温暖幸福。

偶尔招待自己泡个极尽奢华的芳香精油泡泡浴或热气蒸腾的芬兰浴，享受肌肤被体贴呵护的美好感觉。

探索树皮的粗糙、花瓣的柔滑、石头的冰冷。感受大自然给予的触觉神奇。自己做，也带着孩子做。

如果暂时乏人拥抱，那么，养个宠物吧！

视觉之美

有一群自愿受试者被安置在一个压力极大的环境里，当他们的血压提升到一定的指数后，首先让他们注视一面空洞的白墙 20 分钟，接着再凝视有热带鱼畅快悠游的水族箱 20 分钟。研究发现，注视热带鱼箱时，血压降低、回复正常，注视白墙壁之后却没有任何血压降低的迹象。

实验者接着又找了另一批自愿受试者，让他们先凝视空的水族箱 20 分钟，之后再欣赏一段 20 分钟、幽静的山林间瀑布倾泻而下的影片。结果答案可想而知，观看影片后的每个人，大脑所分泌的快乐激素——恩多芬的量，有几近 70% 程度地高于只注视空的水族箱的人。

我在巴黎居住的那段时间，课余时总是喜欢坐在路边的咖啡座上，欣赏大街上过往巴黎女人的精致和优雅。初始，我不太明白为什么巴黎的女人可以拥有让人如此赏心悦目的气质，后来待久了，我终于总结出了原因：那是因为巴黎这个城市，本身就是一座精致的艺术品。

你早上起来，推开窗户，满眼看见的都是有几百年历史的艺术作品。那些散落在城市中极富艺术价值的雕塑、建筑、壁画，甚至路边美丽的露天咖啡座，都在滋养着生活在其中的市民，不仅在视觉上丰富了流淌在血液里的艺术素养，在呼吸间也都充满了艺术的养分。因此，巴黎女人的精致优雅是有迹可循的。

我知道生活在城市结构改变如此快速的都市水泥丛林中的我们，家门口可能没有壮丽雄伟的黄山或气势辽阔的长江三峡，也没有像精致艺术的巴黎那样美丽的城市风貌，但是不论我们住在哪儿，都一定可以找到值得驻足欣赏的大自然，哪怕只是街心公园里一片小小的绿地或路边一朵粉嫩的灿灿野花，都可能成为滋养我们心灵的艺术珍品，让我们在喘不过气来的生活中，接受视觉之美的净化和洗涤。

怎么做？

撷取大自然的美景。

走出室外。欣赏树上的鸟巢、晴空里雪白的云朵、即将盛开的花苞、迎风摇曳的小草……不要急匆匆地走过，停下来，欣赏一会儿。

回家的路上，找一条最美、最令你动心、最让你放松的路段，放慢脚步，静静地凝视欣赏。

选择一处属于你和他，或和孩子一起，曾经共度快乐时光的甜蜜基地，假日就到那儿走走，呼吸新鲜空气，欣赏大自然的美景，同时更新欢乐时光的美好记忆。

把户外景色带回室内。

摆一盆深绿色植物在办公桌上。

在墙上挂一幅美丽的大自然图画。

收藏一些美丽的石头、一篮秋天的球果、几片盛夏的叶片。

上班或回家途中，摘些艳丽的野花随手插在瓶子里。

创造具有视觉之美的生活空间。

随着屋外的季节变换，也变换室内的色彩表情。一对沙发上的小小抱枕，起居室的布艺灯罩，餐桌上的台布，床单、被罩等等，都可以随着季节更换空间的表情和心情。如果有特别需要调理的身心问题，也可以根据色彩心理学来选择颜色。

倾听之乐

利用音乐来治疗各种药物无法治愈的疾病已经是现代医学重要的发展项目。许多研究显示，音乐可以增强机体的免疫能力，影响呼吸频率、血压、胃收缩、荷尔蒙分泌指数以及大脑电波。所以你知道有多好玩吗？因为某些音频的神经系统能力，现在还有专门给牙科病人聆听的“牙科音乐”（Dentist Music）、特别编曲给早产儿听的勃拉姆斯（Brahms）的“催眠曲”（Lullaby）以及在老人安养院播放、帮助老人家安稳睡眠的“您好晚安曲”。

听觉是人类在母亲的肚子里就具有的能力。我们在母亲的子宫里就开始听见声音，母亲的心跳声、呼吸声、说话声伴随着胎儿的成长，及至呱呱坠地，小狗的汪汪叫声、树上的蝉鸣声、雨水的淅沥声、邻家小朋友的呼唤声，每一种都钩织了我们的认知图画，也建构了我们的心灵地图。

因此，找到自己的音乐，哪怕是一首大街小巷播放的流行乐曲，只要它能让自己静下心来聆听欣赏，都能带来沉淀情绪的好处。

怎么做?

找出属于自己的情境音乐。

找个安静的角落，闭着眼睛，聆听各种类型的音乐，并给每一种类型的音乐虚拟出一幅图画，同时注意心情的变化，看看这些音乐如何影响你的心境，哪种音乐让你觉得快乐、轻松、伤感，甚或悲伤。以后无论何时，只要需要，就可以随时用这些音乐来创造出相同的情境和感觉。

用音乐来调理身心状态。

试着借听音乐来改变焦虑的心境，或舒缓慢性疼痛。方法是：一开始可以播放与你此刻心境相符的紧张型音乐，等到呼吸与这个音乐的节奏取得同步后，再逐渐转变为比较平静的曲调，并跟着慢慢地呼吸，一直到完全放松下来为止。最后，你可以把能帮助深呼吸的音乐“记”在脑子里，只要需要调试心情时，就在心里播放它。我自己就常常在人声嘈杂拥挤的地铁里，听心里的音乐，让自己不被喧嚣的声音所干扰。

随音乐摆动。

随着音乐摆动可以帮助我们与自己的身体协调，伸展肌肉、调匀呼吸、增加对压力的忍耐度，感觉思想与身体合而为一，享受平衡与平静的美感。还有，随着音乐摆动的另一个好处是，它能很好地消耗能量，甩掉多余的脂肪。

芳香之美

有一项测试面临压力时生理反应变化的研究。研究发现，受试者如果在面临这些心理压力前先闻闻新鲜苹果的香气，就出现压力反应变钝、血压降低、呼吸和心跳减缓、肌肉放松，同时也增加了阿尔法脑波的强度的现象。阿尔法脑波与心情松弛但保持机警的状态有关。如果让受试者停留在充满苹果香的房间里超过 30 分钟以上，他们会觉得更快乐、更安心、更放松。

这个实验是众多支持芳香疗法疗效的实验之一。芳香疗法在 20 世纪末随着 SPA 的兴起，席卷了时尚健康界，成为最受关注的时尚产品。萃取自植物的芳香精油不仅能改善生理功能，对压力和情绪的缓解也得到了精神医学界绝对的认可。

芳香疗法，乃是借由特定的香气“唤醒”沉淀已久的美好记忆，那些在孩提时代对未来的憧憬、对生命的信任、对微小事物的欣赏、对大自然的满心欢愉，当这些清纯童稚的快乐情愫从尘封已久的心灵深处释放出来时，我们便能重新学习如何“舍得”、如何“悦纳”、如何“宽恕”、如何“身心安顿”。因此，芳香疗法的真正精神就是经由香气的作用，来增强人的内在能量。它并不会直接治愈人的疾病，而是在增进人们对疾病的抵抗力以及克服疾病的意志能力。

怎么做？

替自己的鼻子找感觉。

利用气味的威力做引子，引出某种特殊的心境、感情或回忆。也可以替自己的身心设定程式，将某一种气味和某一种心境“捆绑”在一起，让某种心情只对某种香气做出反应。

方法是，先练习放松运动，等身体和肌肉都完全放松以后，嗅嗅如薰衣草精油等宜人的香味。几次之后，你会逐渐将薰衣草和放松联想在一起，一旦心里记住了这个配对，需要放松时，只要吸闻一下薰衣草，就可以很快地唤起放松的感觉。

芳香沐浴。

虽说家中的环境比不上专业 SPA，但是只要能让身体的感官感受到应有的刺激，身体还是可以非常享受和放松的。首先，花一些时间在听觉的准备上，你可以好好地了解一下自己：什么音乐是能让你放松的？是澎湃的海浪还是潺潺的溪流？也可以准备一些道具来帮助自己放松，可能是一大盆鲜花，一株常绿盆栽，也可能是一片 CD 或是一串风铃。找个漂亮的置物架堆放各种让你感到舒适的沐浴用品，想象这小小的浴室就是沙漠中的绿洲。

接下来，就是美丽的芳香之旅了。泡浴是最豪华、最享受、也最放松的芳香疗法了。泡浴借由蒸汽的挥发和水温的媒介，可同时达到生理与心理两方面的功能。可以依需要护理的问题和部位，将精油加入媒介油调制复方的沐浴油，或将不超过 8 滴的纯精油加入洗澡水中。如果使用纯精油，一定要牢记精油的使用数量，千万不可在泡浴水中滴入过多的纯精油。也可将精油与一汤匙的牛奶混合，或是倒在牛奶的上面。牛奶可以使精油与水混合得更好。

泡浴时，先将浴盆内装满半缸的水，然后加入精油，接着用手充分地搅和水，使精油完全散开。此外，泡浴的时间至少要超过 15 分钟，才会有更好的效果。泡浴后，只需以毛巾将身上的水分轻轻拭干即可，不需要再淋浴，那些仍然留在皮肤上的浮油，不仅具有芳香疗法的功能，还能在身上留下淡淡的香味。

别担心，如果家里没有盆浴的设备，也一样可以享受芳香疗法。将 4 ~ 6 滴纯精油滴在打湿的洗澡海绵或擦澡巾上，在已淋湿的身体上来回用力地搓拭。海绵中的精油会随着热水的温度散发在空气中，皮肤也因为摩擦生热而将精油快速地吸收进去。

进食之乐

吃，目的在庆祝、在纪念，在维持生存、在滋养身体，但最重要的是，为了快乐而吃。德国的一项调查说明，“在家好好地吃一顿”是人生一大乐事，犹胜于宴会、嗜好、睡觉、看电视、看电影所带来的乐趣。

但是今天，我们享用食物的乐趣却在逐日递减。一方面，我们往往狼吞虎咽，没有真正地品尝美味；另一方面，我们牺牲了味蕾的乐趣，以低脂、高纤、减重食品取而代之。想想看，我们现在还能享受着吃巧克力、苹果奶油派、全脂冰激凌圣代却一点儿也没有罪恶感吗？唉！所以如果一旦决定偶尔放纵自己大吃一顿时，至少要好好享受，享受缠绕在味蕾上的乐趣，其他的，吃完再说吧！

吃所涉及的不仅仅只是味道。吃东西的时候，其实运用了所有的感官，除了色、香、味之外，食材的口感和听着清脆的咀嚼声，也能让人有成就的欢快。

怎么做？

运用所有的感官一起进食。

请先闭上眼睛想象：苹果的脆甜和微酸，奇异果绚丽夺目的翠绿，石榴感性如红宝石般的种子，一口咬下心里美的清脆咔嚓声，肥厚多汁的橘子所散发的诱人香气，新出炉面包的松软和温热……吃东西时，请打开所有的感官，一起享受食物的丰美，甚至享受挑选、烹煮、布菜过程中的幸福感觉。

唤醒品味生活的感官。

下面提供一个专业医师在帮助失去进食乐趣的患者时所建议的治疗方法：

找一片浓香馥郁的巧克力，假想这是世界上最后一片巧克力。想象自己再也没有机会品尝它了，所以现在必须好好地享用：

把巧克力放进嘴里之前，先仔细地欣赏巧克力美丽而浓烈的棕色。

轻轻将这片巧克力从这只手抛到另一只手，感觉它的重量和质地。

缓缓吸入巧克力馥郁浓烈的香味——那种能让你立刻感到幸福的浓烈香味。

咬一小口。尽可能地小口一些。然后专心地从这一小口中感受美味。

咬大口一些。看巧克力如何在你嘴里从固体融化成液体。

巧克力随着口腔里的温度融化时，专心捕捉感受奶油的美味。

把整块巧克力放进嘴里，顺着喉咙吞下，享受嘴里留下来的芳香和甜美。

吃得太多了。

如果你有吃太多或停不下来的问题。在打开冰箱之前，先想想这是不是你真的需要吃的东西，或者只是情感上的饥渴？你是不是需要同伴？需要有人陪你聊天？或者需要一个温柔的拥抱？也许另一种感官的愉悦更能满足你的需求。

从心理分析的角度来说，吃得太多是一种安全感和自信心缺乏的征兆。所以，试试看。去看场电影，散散步，听听音乐，上健身房运动，做个芳香按摩，可能的话，找个能给你慰藉的人抱抱。但是，就是不要吃东西。

附录 祝所有30^+和迈向30的女人幸福

——来自《女人30^+》读者的声音

女人的一生很难逃避年龄这个关键词，每个时期、不同的阶段，对自己的年龄既关注又不愿面对，欲说还休、欲罢不能，相对于男人，在年龄面前女人总是处于不赢状态。尤其是当女人攒够了“三张”，起步“奔四”这个阶段，是一生之中最困惑的十年，有人戏言，这时的女人是“在外竞争上岗、在家竞争上床”。也难怪，在 29 岁的最后一天，少女的青春与容颜都被岁月涤荡得所剩无几，而中年的优雅与智慧还没有时间学习到，这是个看似成熟却依然稚嫩但已然没有人生资本可以挥霍的时候，这也是女人一生之中最为关键的转型期。我们从中国历史上不同社会转型阶段的动荡与激变中不难看出，转型所触及之深、改变之大是会让一代乃至几代人付出代价，所以个人的转型也会是很困惑和痛苦的，会面对纷繁的选择。在这样的时刻，如果有一位“过来人”带着你走，告诉你一些经过的智慧，会让你少走很多 弯路、消除很多迷茫、避免很多错误，更快地适应转型后的生活状态，更好地完成自己人生的修行，更多地获得心灵内在的能量。金韵蓉老师就是这样一位智者，她 作为一个优雅的“过来人”，对于女人有很多的智慧，《女人 30^+》就是针对 30~40 年龄段的女人而写，从爱情、婚姻、孩子、职场、心灵五个角度给她们智慧。这些智慧概括起来有三：理智、自信与释然。

有人说，女人碰到自己无法解释的事情时，就喜欢把命运、缘分之类的东西搬出来，她们擅长不问原因的接受现实，但又总是变卦。所以对于 30^+ 的女人，面对人生各种纷乱的现实，光凭感情用事会活得很累也很乱，而且会让周围的人认为你喜怒无常很难接近，因此理智是必须的。对于婚姻和爱情要懂得去接受真相，比如婚后生活的平淡、争吵与分合，对于刚刚经历过激情燃烧岁月的少女们来说，的确是残酷的，然而这也是真实的；对于孩子的出现、存在与教育，更是需要足够的理智；同样为了生活、为了更好的生存，职场的很多问题也需要理智去处理，否则工作就会出现危机，进而危机呈现出多米诺效应和蝴蝶效应，一个危机接一个危机、一个危机引发更大的危机。所以在没有出现这些情况之前，需要理智处事以避免，而当出现了这些情况后，更需要理智去应对。

要自信是因为 30⁺ 的女人们，没有了年龄优势，智慧尚未形成，很容易妄自菲薄、引喻失义，挣扎于外人的口水中，“剩女”“老处女”“冷淡”等标签像五行山上的咒符，压得很多本来很优秀、本来很快乐的 30⁺ 女人们喘不过气来，活得如履薄冰又看别人脸色，失去了自我。而《女人 30⁺》这本书最大的特点就是金韵蓉老师用自己的经验和智慧告诉你如何自信。

最后，当你搞定了家事、摆平了职场，岁月也悄悄地带你越来越接近 40，这时的你应该更多地面对自己的内心，用释然的心态享受人生，思考怎么让自己吃得香、吃得健康、睡得好，睡出好的容颜等。毕竟一个优雅的中年女人要比一个黄脸婆强得多。

——来自网友　不夜影城

书中有段参加婚礼的灰暗心情，曾经的我也有过，“新郎新娘站在远处酒楼的阶梯上，正在鲜花和气球彩带中欢笑着拍照，他们笑得多甜呀，甜得我自惭形秽，甜得我在心里也忍不住很卑微地期望起来：‘我们或许还成？我绝不会再对不起他了，我们或许还能好好过？’”那时的我也是这样，表面风光坚定，内里其实早成了千疮百孔的破棉絮。不能平衡的心情和不能平衡的生活，让我越来越失衡。读了非常多的爱情小说，但那些小说极大极大地扭曲了我对爱情和婚姻的期待，更极大极大地折损了我在处理自己爱情关系时的情绪智商。

如果早点读到这本书就好了。女性常常生活在对未来的恐惧当中，未来中太多的不确定、犹疑，让这些原本很优秀的女子惶惶不安，不能心平气和地面对当下的生活。我想这本书里所谈到的幸福、快乐、满足更源于对生活本身的热爱。总是在寻找存在的意义，一个人独立面对难题，可生活的事，却总不是一个人的事情。金韵蓉说，要理性地规划未来。要冷静地规划生活。写下自己能够接受还有不能接受的，不要逃避地写下自己的真实的想法，面对真实的自己，然后看看有没有应付这些恐惧的方法。未来永远不会来，明天永远是明天。今天的你也是最应该神采飞扬地活着的今天。方法：首先，你要尽量保持自己年轻鲜艳的状态。其次，要对自己宽厚一些，不要做个拿着长矛、诋毁自己的严厉判官。最后，也是最重要的，你还没男朋友，或还没有结婚，并不表示就没有幸福快乐的权利。别坠入“挑剔爱情”的陷阱里。享受“大龄恋爱”。慢了几拍的我，在事业走向低谷的时候才明白这些早些明白就好了的道理。女人三十一枝花，感谢能在三十的门槛上读到这本书。解惑，答疑，让我对自己多了一些信心。让我对未来也多了一点肯定。“和自己愉快地相处，试着享受单身所带来的乐趣，并且千万不要为了搭伴过日子而委屈自己”。我会这么做的。孤单一人的生活也同样会很精彩。

——来自网友　菲亚斯

这本书于我，真真正正是一双温柔的手，扶持着我、教会我如何在30⁺、乃至更往后的年龄段，经营好自己。书中，最最喜爱的是金老师的自序，这段自序我不知已读过几遍，每读一遍，都是那样动容且充满力量。书中具体内容，也是我可以大大吸收的丰富养分，我着重看的是关于婚姻、关于生涯规划、关于身心灵修养的部分，从中我了解到，“天下没有所谓完美的婚姻，更没有所谓完美的配偶，而且令人遗憾的是，任何一桩婚姻都难免有遭逢险阻和颠簸的时刻”，我亦懂得男人在责任期所承受的压力，知道如何理解这个年龄段男人的焦躁反抗心理，以及如何不“对号入座”地认为这些反抗情绪都是冲着自己来的。懂得当我们不把对方的情绪 take personal 时，我们就能比较心平气和地去看待问题、解决问题，而不是像紧绷的弦丝那样一拨就断。

“在一个家庭里，如果有一个情绪稳定成熟的女主人，那么这个家庭里的成员就不会错到哪儿去。对一个家庭来说，男人也许是那根支撑着家庭保护伞的顶梁柱，可是让那根柱子牢牢地站着的却是女人温暖的胸膛。女人本来就应该在婚姻里扮演那个情绪比较稳定成熟的角色，也是带领着家庭演奏出和谐律音的指挥家。”我为金老师的睿智举双手赞成，尽管我是一个时时标榜独立也的确独立的女性，我始终认为一个女人的成功，首先来自经营家庭的成功，而事业成功倒是应该放在其次的考量标尺。对于追求卓越、争取成功的双生涯（家庭生涯以及职业生涯）女性来说，如何既能兼顾自我的发展需求，又能兼顾家庭的发展需求，确实是考验女人智慧的一门功课。

这本书是一个睿智长者的过来经验，是自我纪实，是温柔提点，是慷慨分享，是一双温柔的手。在这双手的相牵下，我检视着自己 30 岁之后的这几年，也规划着 40 岁之前的余下历程，相信我的人生 30+ 阶段，会是一段算不上大放光彩，但却非常踏实、非常昂扬、且播种且收获的十年。

——来自网友　杜鹃花儿开

在这里，我不得不说，金老师是完全站在我们 30+ 女人的角度，写的这本对我们非常有用的一本书。

书中的语言是非常温和、细腻、宽慰和带建设性的。

已经快30了，蓦然回首，却发现自己还是孤独一人在奋斗。没有婚姻，身边也没有爱人，更没有孩子，几乎是一无所有。我很彷徨，困惑，不知道前方的路该怎么走下去。一切的一切都变得那么模糊，不确定，难以把握。尽管如此，我心里仍然明白不能消极颓废地对待生活，始终都要以一种积极向上的正面思想来引导自己的生活朝着美好的方向进行下去。

每当我感到沮丧的时候，不知道该怎么调整自己的心态的时候，我就翻开金老师的书，阅读里面自己曾经勾画线条的字句。就觉得心底有一股暖流开始缓缓 流动。仿佛是金老师在轻轻地拍着我的手，慈声细语地安慰我说："别着急，孩子，慢慢来！一切都会好起来的！"无形之中，就得到了巨大的心理能量。

——来自网友 lois1020

我正在30+这个年龄段的困惑当中，我们夫妻俩的事业转型，夫妻感情早已过了激情阶段，要考虑准备生小孩完成历史任务却未能顺利如愿。所有的这些，好像让我觉得生活似乎没有了美好，随之而来的都是生活的压力。你突然间觉得人生好像不再那么容易地按你的方向或是意愿去走了。哪里出了问题了吗？好像没有，但在新的挑战面前却似乎步伐不再轻松。看完了这本书，确实能从混乱的头绪当中找到一丝新鲜的空气，让浮躁的心灵变得稍微能平静一点，告诉自己要镇静，除了要用理智去面对前面的困难，还需要鼓励自己用一颗充满热情的心去走接下来的路，不管碰到什么困难，生活的热情是不能退减的，夫妻俩人的互勉、关怀是不能缺少的。只有这样，你才能披荆斩棘向最终的目标靠近……我想这本书的最终目的也是希望能为读者带来这个吧？

书上的道理其实也不难懂，但有时我们都容易被生活上的琐事围绕而忘了离远一点去看看我们的生活、我们的婚姻、我们的感情、我们的追求……给自己一点时间看看书，让心灵净化一下，也许我们更容易豁然开朗……

——来自网友 joyce128

夏季书市我淘到了《女人30⁺》，困惑无助茫然的我，想找到一丝人生清醒的绳索。工作，家庭，孩子，我每天都在忙碌，没有了自我。岁月的脚步使我更加的茫然无助。我不知道我的人生的方向，我的婚姻就像鸡肋，弃之可惜，食之无味。

翻开《女人30⁺》，我渐渐有了生气，优美的文字给我心灵以洗礼，我感受到岁月沧桑了我的容颜，我却可以美丽我的人生。

婚姻不是言情小说，我的婚姻是正常的状态，这样的疲惫是必经的路；不是爱情的幻灭，边看书，边审视我的生活、我的婚姻；我感到《女人30⁺》，就是为我而写；有了知音，有了方向。还有我的困惑，不知该问谁、怎么问的问题，也得到了回应，我感受到茫茫宇宙当中我的通行者，感受到来自社会的力量。

做个会享受的女人，会生活的女人，会自我心理排解的女人。

现在，我会泡上一杯花茶，穿上宽松漂亮的家居服，静静地翻阅《女人30⁺》或者其他的书。

——来自网友 yundouqiu

我一直坚信生活会教给我们所有我们需要学习的东西，生活会赋予我们智慧。我努力摈弃一切不切实际的幻想认真生活。没有浪漫的约会，没有感人的求婚，没有炫目的婚礼，当有一天我觉得我老公会是好丈夫好爸爸时，我们就这样结婚了，我们也这样有了第一个宝宝。宝宝的一切都让我们觉得心满意足，他的一天天成长，他的一颦一笑，他的每一个第一次，都让我们觉得惊喜与感动。直到有一天我发现我的生活中只有生活，我突然迷茫了。没有激情，没有感动，没有自我，日复一日只是单纯地重复着昨天。

无意中读到这本书，书中金老师细数自己生活中的点滴，并记录下生活中的智慧，她的言语让我再次意识到，女人的美丽是一种修行，是从生活中的提炼，是真正爱自己。每个女人都有权去经历去梦想去创造。每个女人都有权停下来慢慢品味生活。

这本书更适合心理年龄 30^{+} 的女人阅读，阅读那些经历过或即将遇到的生活，体味那种趋近于成熟又动荡不安的生活。

——来自网友　Farry_eagle

收到这本书后，第一时间拿出来翻看，随着作者的文字，我流下了眼泪，憋在心里无法倾诉的种种感受种种委屈，作者都替你说出来了，并且该怎样做，她也替你解答了。

每个女人 30 以后的情感经历应该都有很多共同点，也就是每个 30 以后的女人都能在此书中找到“痛点”，那些自己深埋于心的心结，那些困惑，那些没有意识到的种种，作者就像一个你多年交心的朋友，伸出她温暖的手，引导你面对自己，处理心结，在流畅的文字中得到一种释放和启发。

——来自网友　我爱小米菲

今年我虚岁 30 了，完成了人生大事——嫁为人妇。神圣的婚姻殿堂，我愿意与老公一起携手走过，无论风雨。婚姻使我更加成熟，但是也确有书中所描述的困惑，30^{+} 这 10 年的时间，我将经历许多个第一次，而骨子里倔强的我需要过来人的指导、需要别人经验的借鉴。所以，一看到书名，就决定买下来细细品读。对于奔三的女人，金老师的这本书承载着许多的责任，我觉得这是对于 30 岁女人最好的一种帮助。

——来自网友　tianshivivian

总觉得女人不能没有朋友，因为我们心里总有想倾诉的秘密；所以女人不能不阅读这样的书籍，因为并不是所有的朋友都能听懂我们的心事。

——来自网友　快乐的猪猪家庭

尤其是关于婚姻那段，有些是从生理和心理学科的理论上阐述的，比其他书中的说服教育更有用。婚姻经营这个话题即使被说烂了也说不透，反而理论能使人平静下来思考。金老师笔触细腻，读起来心境平和。

——来自网友　华籍美人 2006

以前就有过这本书，被人借走了，不还给我了，所以只好再买一本自己保留，以后结婚用。

——来自网友　cheailun

一直很喜欢金老师，平和、温婉、知性，同时拥有开放的年轻的心态。女人到了 30 岁，要学会内敛和收放，轻松对待得失。用心感受身边的一切事物，会发现很多的不同之处。这本书讲的就是心态。

——来自网友　zhoulixia1120

作为一个马上奔三的女性，对于婚事一直都是拖拖拉拉的，对于家里的催促也听不到，看了这本书，居然有让想找一个人结婚的冲动。

——来自网友　buyongjijiao

双生涯的生活真的很累，很没成就感，但读了金老师的书却变得内心很平静，明白这是每个女人必须面对、必须取舍的，平衡得好便是大智慧的体现。

——来自网友　margaretni8556

转眼在不知不觉中，即将进入 30，对于“30”心中难免充满未知的恐慌，徘徊在十字路口的我找不到正确的方向。在书中我找到了心灵的平静，找到了一直困扰着我问题的答案，年龄对于女人来讲并不可怕，可怕的是我们自我放弃，在婚姻中渐渐失去自我。

——来自网友　Aimi833204

遇到这本书时，正是和老公产生感情危机心情很郁闷的一段时期，她像一位好友 娓娓道来，温柔地将我引导出了怨愤的误区，开始重新审视自己的错误，再次调整好心态，重新出发时，我确实收获到了惊喜。非常感谢。

——来自网友　applehaohao

自己的妈妈姐姐不会有这样的知识和总结性以及平和心态告诉我们这一切，所以看书是学习处理家庭事务的好方法。

——来自网友　p9266

书很好，让我把对 30 岁的恐惧变成憧憬。有些事情是你不愿意经历的，有些事情是你不希望发生的，看完这本你能学到正确的处理方式，这是最重要的。

——来自网友　yansa822

看到这本书时心里很有感触，好像镜子一样，照到了自己很多相同的地方，可惜当时没有人拉着我的手，帮我走出来。当时真是很困惑呢！《女人 30+》真是本好书啊！珍藏！

——来自网友　tangchang816

乍看书名，以为又是商业味的，以年龄为哗众取宠字眼的作品；点看书摘后，发现完全不是这样的。这是一本智慧的书，文字中透着作者的优雅与不张扬，以及对生活的睿智。无从自序到正文，都令我很感动，30+ 女人不容易，经历着人生的若干第一次，承载着种种烦恼。书中预设了各种状态，总有一些触动到心结，就像序里所言，感觉有一双温暖的手，牵着我们一步步往前走……

——来自网友　冬日暖阳 314

在这个全社会都说要平静要平和的时代，我相信百分之九十九的人不平和，不平静。迈入30的女人承担更大的压力，我们该怎么调整心态，始终保持嘴角向上，微笑面对一切，很重要。

——来自网友　王小烦

很多书写婚前，这本写婚姻之道。

——来自网友　锦口素心

这是一本读了使人平和淡定的书，谢谢金老师。

——来自网友　KOKOMOXI

图书在版编目(CIP)数据

女人30⁺：30⁺女人的心灵能量 / 金韵蓉著. --桂林：漓江出版社，2018.6（2022.5重印）
（阅美悦读）
ISBN 978-7-5407-8446-1
Ⅰ.女… Ⅱ.金… Ⅲ.①女性—成功心理—通俗读物 Ⅳ.①B848.4-49
中国版本图书馆 CIP 数据核字（2018）第096756号

女人30⁺：30⁺女人的心灵能量
NÜREN 30⁺：30⁺ NÜREN DE XINLING NENGLIANG

作　　者：金韵蓉

出 版 人：刘迪才
出 品 人：符红霞
策划编辑：符红霞
责任编辑：王成成
责任校对：章勤璐
封面设计：U-BOOK
责任监印：黄菲菲

出版发行：漓江出版社有限公司
社　　址：广西桂林市南环路22号
邮　　编：541002
发行电话：0773-2583322　　010-85893190
传　　真：0773-2582200　　010-85893190-814
邮购热线：0773-2583322
电子信箱：ljcbs@163.com
网　　址：http://www.Lijiangbook.com
印　　制：香河县闻泰印刷包装有限公司
开　　本：880 × 1230　　1/32
印　　张：6.5
字　　数：126千字
版　　次：2018年7月第1版
印　　次：2022年5月第3次印刷
书　　号：ISBN 978-7-5407-8446-1
定　　价：52.00元

新书推荐

《女人 30^+——30^+ 女人的心灵能量》（珍藏版）

金韵蓉 / 著

畅销 20 万册的女性心灵经典

献给 20 岁：对年龄的恐惧会变成憧憬

献给 30 岁：于迷茫中找到美丽的方向

《女人 40^+——40^+ 女人的心灵能量》（珍藏版）

金韵蓉 / 著

畅销 10 万册的女性心灵经典

不吓唬自己，不如临大敌，

不对号入座，不坐以待毙。

《优雅是一种选择》（珍藏版）

徐俐 / 著

《中国新闻》资深主播的人生随笔

一种可触的美好，一种诗意的栖息。

《像爱奢侈品一样爱自己》（珍藏版）

徐巍 / 著

时尚女魔头写给女孩的心灵硫酸

与冯唐、蔡康永、张德芬、廖一梅、

张艾嘉等深度对话，分享爱情观、人生观！